Widmung

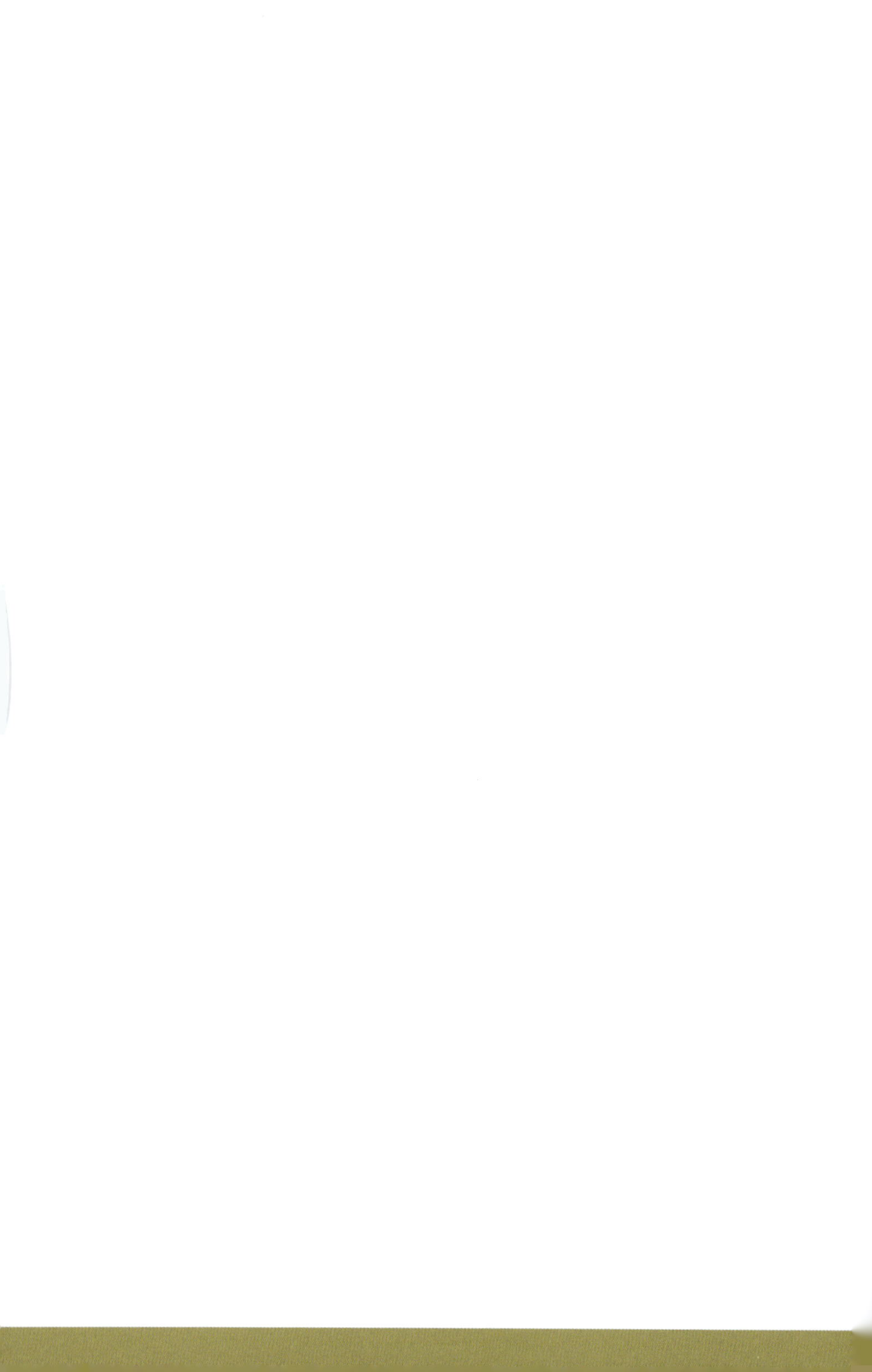

Heike Holz

KLEINE SCHRITTE GROSSE VERÄNDERUNG

menani

Autor: Heike Holz

Lektorat: René Sputh

Bilder: istockphoto.com:
ansonmiao (S. 10), vernonwiley (S. 20), poison_dv (S. 30), Xesai (S. 38), myshkovsky (S. 42), sturti (S. 50), gruizza (S. 58), Dexailo (S. 62), Geber86 (S. 66), champja (S. 70), laflor (S. 74), Jacob Wackerhausen (S. 82), anandaBGD (S. 94), MerveKarahan (S. 100), AntonioGuillem (S. 106), andresr (S. 110), Jezperklauzen (S. 120), HS3RUS (S. 124), lzf (S. 128), RapidEye (S. 132), wundervisuals (S. 136), PeopleImages (S. 140), Levranii (S. 154), PeopleImages (S. 159), pashabo (S. 162), zoom-zoom (S. 166, 167), Ae11615 (S. 168), Rastan (S. 169), mycola (S.171), ValentynVolkov (S. 173), enter89 (S.174), Melpomenem (S. 175), golero (S. 176)

Weitere:
Bühler (S. 166), Thor (S. 167), Holz (S. 168), Rieger (S. 169), spieltalent & trendtalent GmbH, Eching (176)

Layout & Satz: Applevillage Werbeagentur, D. Höfler, www.applevillage.de
Hoehl-Druck, Printed in Germany

Auflage: 4. Auflage, ISBN 978-3-941633-48-3

menani GmbH
Eichbergstraße 13 • D-86935 Rott am Lech
Tel. +49 8869 911 83-0 • Fax +49 8869 911 83-18
info@menani.com • www.menani.com

Autorin

Heike Holz ist Expertin für Persönlichkeit, körperlich-seelische Gesundheit und Lebenserfolg. Ihre Philosophie einer ganzheitlichen, gesunden Persönlichkeitsentwicklung steht im Zentrum der von ihr entwickelten „KNIPS DEIN LICHT AN“-Methode.

Professionell überzeugt Heike Holz die Teilnehmer in ihren Vorträgen, Seminaren und Einzelcoachings mit ihrem großen Gespür für Menschen und ihrer unvoreingenommenen Art. Anschaulich und unterhaltsam vermittelt sie, wie man mit Achtsamkeit und selbstbewusster Ausstrahlung den Kern der eigenen Persönlichkeit entfalten und so den individuellen Lebensweg leichter gehen kann.

Heike Holz ist Dozentin an der DGUV Hochschule und Erfolgsautorin der Bücher „GLÜCKLICH SEIN VERLEIHT FLÜGEL“ und „KLEINE SCHRITTE – GROSSE VERÄNDERUNG“.

In ihrem Institut für ganzheitliche Heilweisen zeigt sie ihren Klienten klare Wege für körperlich-seelisches Wohlbefinden und tieferfüllte Lebensfreude auf. Ihre Podcast-Reihe „Charisma & Persönlichkeit“ sowie ihr eigener YouTube-Kanal erfreuen sich bei zahlreichen Hörern und Abonnenten großer Beliebtheit.

Entdecken Sie auch das Buch
GLÜCKLICH SEIN VERLEIHT FLÜGEL
aus dieser Buchreihe

Vorwort

Mit diesem Buch halten Sie ein Buch-Seminar mit 50 Tipps in der Hand, mit dem Sie alte Gewohnheiten und Denkmuster überprüfen und verändern können. Das bedeutet, dass Sie die Seiten nicht einfach nur lesen sollten, sondern auch tatsächlich die Übungen als Anregung verstehen, mit vermeintlich kleinen Schritten große Veränderungen zu erreichen.

Innerhalb dieser 50 Tipps verändern Sie Schritt für Schritt den Umgang mit sich selbst und mit den anderen. Natürlich könnten Sie das Buch auch wie jedes andere in einem Rutsch von vorne bis hinten durchlesen. Dann werden Sie zum Schluss vielleicht sagen: „Interessant – na ja, einiges kannte ich ja schon.“ Doch tatsächlich ändern wird sich dadurch wenig bis überhaupt nichts.

Veränderungen sind in meinen Augen am besten in kleinen, übersichtlichen Schritten möglich. Ihr Körper, Ihr Geist, Ihr ganzes System müssen sich zuerst an das Neue, an das Unbekannte gewöhnen. Dazu brauchen Sie einige Tage, bis sich neue Handlungen oder Denkweisen eingespielt haben. Dann gehen Sie zum nächsten Thema, zum darauffolgenden Tipp.

Sie selbst bestimmen das Tempo, mit dem Sie vorgehen. Mein Vorschlag ist, wöchentlich, also sich beispielsweise jeden Sonntag mit einem Thema zu beschäftigen. Das beste Ergebnis erzielen Sie, wenn Sie sich mit einem Stift Notizen machen. Hierzu liegt diesem Buch ein separates Arbeitsheft bei, welches Sie auch beim Verlag nachbestellen können. Wenn Sie das Buch nach einiger Zeit wieder zur Hand nehmen und sich erneut Ihre dann aktuellen Gedanken in dem neuen Heft notieren, lassen Sie sich überraschen, wie deutlich sich Ihre persönliche Veränderung und Entwicklung zeigt.

Wir gehen oft mit Vorbehalten und inneren Widerständen an Veränderungen ran. Nach dem Motto: „Das geht ja sowieso nicht – das habe ich schon mal probiert – wenn das so einfach wäre“ und ähnlichen Ausreden flüchten wir vor dem Neuen. Hier gilt es natürlich, diesen inneren Schweinehund, also die Widerstände, zu überwinden und es einfach mal auszuprobieren.

Wichtig ist auch, nicht gleich aufzugeben, weil etwas nicht sofort funktioniert. Geben Sie sich mindestens 10 Tage, damit sich Ihr Gehirn und Ihr Körper an das Neue gewöhnen können. Wenn eine veränderte Sicht- oder Verhaltensweise in sechs von zehn Fällen den gewünschten Erfolg hat, bleiben Sie konsequent dabei. Im Leben gibt es keine 100 Prozent. Sie werden mit einer Methode nicht immer punkten und Erfolg haben – es gibt ja auch kein Medikament, welches gegen jede Krankheit wirkt.

Gehen Sie mit kindlicher Neugier an die einzelnen Tipps und Tricks, wie Sie durch kleine Veränderungen direkt spüren, dass manches in Ihrem Leben leichter wird, wie der Umgang mit anderen positiver wird und Sie glücklicher und zufriedener mit sich und der Umwelt werden.

Lesen Sie nicht nur mit Ihrem Kopf, sondern auch mit Ihrem Herzen. Der Verstand darf sogar auch mitunter *stumm geschaltet* werden, da er natürlich immer Gründe finden wird, warum etwas *nicht* geht. Das Ego will am liebsten alles beim Alten belassen. Tricksen Sie Ihr Ego aus, indem Sie sich regelrecht in die Gedanken und Anregungen hineinfühlen und dann einfach ins Handeln und Ausprobieren kommen.

Im Sinne der leichteren Lesbarkeit und meiner Auffassung, dass die doppelte Schreibweise der echten Emanzipation eher schadet, wird hier die klassische männliche Formulierung benutzt, auch wenn selbstverständlich immer Männer wie Frauen gleichberechtigt angesprochen werden.

Jede Reise beginnt mit dem ersten Schritt! „Knipsen Sie Ihr Licht an" - Lesen Sie einfach los, beginnen Sie mit dem ersten Tipp und erleben Sie, wie Sie offen mit Veränderungen umgehen können und dadurch mit Leichtigkeit auch das große Ziel erreichen können, wie es mit sich selbst und den anderen einfach besser geht.

Ihre Heike Holz

Genießen Sie die Stille

Wir leben in einer lauten Zeit: Radio, Fernsehen, alle möglichen Geräusche im Hintergrund wie Straßenlärm, die S-Bahn vorm Fenster, die Flugzeuge über dem Kopf, Musik beim Joggen und beim Einkaufen... Es gibt immer etwas zu hören, oft auch nur aus Gewohnheit, wie zum Beispiel das Autoradio, das einfach so angeht, sobald wir den Motor starten.

Wir denken manchmal gar nicht mehr so richtig darüber nach, ob wir wirklich gerade etwas hören wollen. Wir hören meistens unbewusst. Laut einer Studie der Techniker Krankenkasse hat jeder Vierte in Deutschland Hörprobleme. Gesundheitliche Probleme wie Tinnitus, also permanente Ohrgeräusche, sind die Folge des Lärms.

Das laufende Radio im Büro oder auch bei Hausaufgaben wird immer wieder sehr heiß diskutiert. Bei den meisten Menschen verlangsamen sich Schreibgeschwindigkeit und Aufnahmefähigkeit stark, wenn das Radio im Hintergrund läuft. Laut einer Studie der Universität Oldenburg kann man sich an den Hintergrundschall nicht gewöhnen. Im Gegensatz zu den Augen, die wir schließen können, können wir die Ohren nicht einfach mal zu machen.

Sogar hallende Räume beeinträchtigen die Leistung unseres Gehirns.
Genug Gründe, sich mal zu fragen, wie oft wir unseren Ohren und unserem Geist eine Pause gönnen und die Stille genießen. Hören Sie mal in sich hinein, um herauszufinden, ob Sie die Musik im Hintergrund gerade als wirklich angenehm empfinden, oder das Radio oder den Fernseher – oder ob die Stille Ihnen vielleicht auch mal gut täte.
Führen Sie Arbeiten, die sie bisher immer mit Musikbegleitung verrichtet haben, zumindest mal versuchshalber ohne Hintergrundgeräusche und Klangkulisse aus. Konzentrieren Sie sich intensiv auf die Tätigkeit und bemühen Sie sich, sie so sorgfältig und aufmerksam wie möglich zu tun. Achten Sie auf die Gedanken, die Ihnen durch den Kopf gehen. Möglicherweise finden Sie so eine Tätigkeit, bei der Sie sich innerlich besonders gut sammeln können. Schalten Sie auch das Autoradio bewusst aus und nehmen Sie die Landschaft, die Menschen und die Umgebung um Sie herum intensiver wahr. Lassen Sie den MP3-Player einfach mal zu Hause, wenn Sie Sport machen, und lauschen Sie beim Joggen den Klängen der Natur, den Vögeln, dem Blätterrauschen, dem Wind, dem Wasser.

„Denn der Raum des Geistes, dort wo er seine Flügel öffnen kann, das ist die Stille.“

(Antoine de Saint-Exupéry)

Werden Sie zum Lösungsfinder

Konzentration auf die Lösung – das ist unser heutiges Thema. Statt in der Problemschleife hängen zu bleiben und wie das Kaninchen auf die Schlange zu starren, fokussieren Sie sich auf die Frage, wie etwas funktionieren könnte.

Wenn wir uns in einer problematischen Situation befinden, kann es sein, dass sich unsere Wahrnehmung verändert. Der Blick verengt sich regelrecht und man sieht nur noch ein riesiges Problem in Großaufnahme. Es ist, als ob man durch ein Mikroskop schaut. Man taucht ein in den Mikrokosmos des Problems und verliert den Kontakt zur Außenwelt.

Um diesen Blick wieder zu öffnen, empfehle ich Ihnen, sich von diesem Problemdenken zu lösen und sich auf mögliche Lösungen zu konzentrieren. Klingt ganz einfach, oder?

Dabei helfen Ihnen folgende Fragen:

- Was wäre eine gute Lösung?
- Wie könnte es funktionieren?
- Was läuft gerade richtig gut?
- Wann war ich in einer ähnlichen Situation und wie bin ich da wieder rausgekommen?
- Angenommen, das Problem wäre gelöst – woran würde ich das erkennen?
- Was habe ich bisher getan, um diese Aufgabe zu lösen – was war dabei hilfreich – was sollte ich lieber anders machen?

Probieren Sie es aus, Sie werden spüren, dass sich in diesem Modus des Lösungfindens direkt Möglichkeiten zeigen, dass eine Riesenlast abfällt und sich dieses Problem mitunter wie von selbst löst.

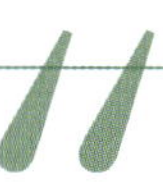

„Wenn man ein Problem lösen will, muss man sich vom Problem lösen."

(Johann Wolfgang von Goethe)

Entdecken Sie das Kind in Ihnen

Schenken Sie dem Kind in Ihnen einmal besondere Aufmerksamkeit. Leider wurde uns schon sehr früh erklärt, dass das Leben eine ernste Sache ist. Spätestens als wir in die Schule kamen, begann der „Ernst des Lebens". Wir lernten still zu sitzen und ruhig zu sein. Für Spaß, Albernheiten und Spontanität gab es immer weniger Raum, stattdessen immer mehr Hausaufgaben, Zensuren und Klassenbucheinträge.

Doch in jedem von uns steckt noch ein Kind, eine kindliche Seite. Bei den einen versteckt sich dieses Kind in der hintersten Ecke und muckt kaum auf, bei anderen betritt es auch im Erwachsenenalter immer mal wieder abenteuerlustig, neugierig und zu Späßen und Schabernack aufgelegt die Bühne des Lebens.

Es tut gut, die Welt manchmal mit Kinderaugen zu betrachten, sich unbegründeten Lachanfällen hinzugeben, ein wenig rumzualbern und spontan zu handeln. Und genau dazu lade ich Sie ein.

Vielleicht haben Sie Lust, auf einen Baum zu klettern oder auf einen Klingelstreich oder auf ein Spiel aus längst vergangener Zeit: Gummitwist oder Steinhüpfen. Klingt verrückt? Sie schütteln sogar den Kopf und sagen sich: „Das ist ja kindisch." Doch je mehr sich Ihr Verstand dagegen wehrt, desto wichtiger ist es für Ihr inneres Kind. Es tut Ihnen als vollkommener Mensch enorm gut.

Geben Sie Ihrem inneren Kind in den nächsten Tagen besonders viel Raum. Seien Sie neugierig, spontan und auch mal albern. Tun Sie einfach mal Dinge, die Sie sonst nicht tun, weil sie vielleicht sogar peinlich sind. Beobachten Sie Kinder, lassen Sie sich inspirieren und haben Sie Spaß an Ihrer kindlichen Seite.

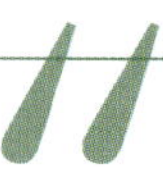

„Ich konnte schon früh zeichnen wie Raffael,
aber ich habe ein Leben lang dazu gebraucht,
wieder zeichnen zu lernen wie ein Kind."

(Pablo Picasso)

Konzentrieren Sie sich auf den Augenblick

Konzentration auf das Wesentliche, auf unser Tun, das ist heute unser Thema. Wie oft lassen wir uns von irgendwelchen Gedanken, Phantasien oder Körperempfindungen ablenken. Richten Sie Ihren Fokus, die volle Aufmerksamkeit auf das, was Sie gerade tun.

Lenken Sie Ihre Aufmerksamkeit von dem weg, was in Ihnen vorgeht und achten dabei vollkommen auf das, was außerhalb von Ihnen passiert. Anstatt über sich selbst, über seine Probleme nachzudenken, fokussieren Sie Ihre Aufmerksamkeit auf Ihre Aufgaben, auf Ihr Tun. Dabei spüren Sie, wie Sie in Ihrer Aufgabe aufgehen, wie Sie sozusagen eins werden mit dieser Aufgabe.

Das ist ein sehr angenehmer Zustand, dabei können wir unsere Sorgen und unschönen Gedanken vergessen. Die Zeit vergeht wie im Flug, unseren unruhigen Geist entspannen wir automatisch dabei. Hier ist es völlig egal, was Sie tun. Wichtig ist, dass Sie mit allen Sinnen wahrnehmen, was Sie tun und sich dabei auf Ihr Handeln konzentrieren.

So achten Sie beim Geschirr spülen auf die Geräusche, die das Wasser und das Geschirr machen. Fühlen Sie das Wasser, den Schwamm, die Oberflächen des Geschirrs. Nehmen Sie den Geruch des Spülmittels wahr, führen Sie die Bewegungen Ihrer Hände ganz bewusst aus.
Während des Essens essen Sie nicht einfach gleich darauf los, halten Sie einen Moment inne, bereiten Sie Ihren Körper darauf vor, dass er gleich Energie und Nahrung bekommt. Nehmen Sie zunächst den Geruch des Essens wahr, stellen Sie sich vor, wie es wohl schmecken wird. Betrachten Sie Ihr Essen, welche Farben können Sie sehen. Fühlen Sie die Temperatur, die Struktur, die Konsistenz. Konzentrieren Sie sich auf den Geschmack, versuchen Sie die Gewürze herauszuschmecken.Betrachten Sie mal mit voller Aufmerksamkeit und Konzentration eine Kerzenflamme, ein Bild, einen Baum oder eine schöne Blume.
Achten Sie darauf, dass Ihre Gedanken nicht abschweifen, sondern immer bei dem Gegenstand Ihrer Betrachtung bleiben. Sie können sich quasi auf alle Tätigkeiten hundertprozentig konzentrieren und dabei die Freude am Handeln erfahren und Ihren Geist beruhigen.

„Für die echte Wahrnehmung zählt nur der Augenblick. Sobald man zu reflektieren oder nachzudenken beginnt, schweift man ab."

(aus dem Zen-Buddhismus)

Öffnen Sie Ihre Augen!

Kennen Sie das auch, dass wir uns über Dinge beklagen, die *nicht* da sind, dass wir darauf schauen, was alles fehlt? Wir sagen dann gerne: „Weil das nicht so und so ist, können wir jenes und dieses nicht machen", „Weil das so und so ist, können wir keine Lösung finden".

Jetzt wollen wir einmal ganz bewusst hinschauen, was alles da ist. Wir beenden die Jammerei darüber, was gerade fehlt oder nicht zu haben ist. Durchforsten Sie einmal ganz gezielt, was alles da ist. Suchen Sie die kleinen und großen Schätze, die vielleicht noch etwas versteckt sind. Öffnen Sie Ihre Sinne für das, was da ist und machen Sie das Beste daraus.

Damit fördern Sie nicht nur das Lösungsdenken, sondern auch die Kreativität und das Improvisationsvermögen. Und wenn Sie genau überlegen, dann fällt Ihnen wahrscheinlich so manches ein, wo Ihnen das schon sehr gut gelungen ist.

Heike Holz

KLEINE SCHRITTE GROSSE VERÄNDERUNG

MACHEN SIE JETZT DEN ERSTEN KLEINEN SCHRITT!

IDEEN- & ARBEITSHEFT

menani

1 Genießen Sie die Stille, Seite 14

2 Werden Sie zum Lösungsfinder, Seite 16

3 Entdecken Sie das Kind in Ihnen, Seite 18

4 Konzentrieren Sie sich auf den Augenblick, Seite 20

Öffnen Sie Ihre Augen! Seite 22 5

Vertrauen Sie sich selbst! Seite 25 6

Wozu das alles? Seite 28 7

Gedankenspiele, Seite 31 8

9 „Vielleicht" öffnet ungeahnte Möglichkeiten, Seite 34

10 Hinterfragen Sie Ihre Gedanken, Seite 36

11 Das Zauberwort „Danke", Seite 39

12 Lernen – es geht auch anders, Seite 43

Die Macht der Pause, Seite 46 13

Verschieben Sie die Zeit, Seite 48 14

Die Kunst des Gedankenlesens, Seite 51 15

Setzen Sie sich mal auf den Mond, Seite 54 16

17 Jeder gibt sein Bestes, Seite 56

18 Die Macht der Begeisterung, Seite 59

19 Wessen Angelegenheit ist es? Seite 63

20 Freude im Job, Seite 67

Kleines Wort mit grosser Wirkung, Seite 71 21

Nein! Seite 75 22

Wie wäre es mit einem „Verzichtstag"? Seite 78 23

Glücklich und dankbar, Seite 80 24

25 Steigern Sie Ihre Ausstrahlung, Seite 83

26 Spaziergang in der Zukunft, Seite 86

27 Ein bewegtes Leben, Seite 88

28 Ich wünsche mir…, Seite 90

Wichtige Freunde, Seite 92 29

Mit dem Partner auf Wolke 7, Seite 95 30

Motivieren Sie sich selbst, Seite 98 31

Wer ist mir wichtig und tut mir gut? Seite 101 32

33 Was will ich wirklich? Seite 104

34 Ich muss mal…, Seite 107

35 Schüren Sie das Feuer der Leidenschaft, Seite 111

36 Die Kröte schlucken, Seite 114

Alles kommt zurück, Seite 116 37

Drehen Sie's um! Seite 118 38

Streichen Sie das Wörtchen „aber", Seite 121 39

Krisen als Chance, Seite 125 40

41 Wie gross ist Ihre Willenskraft? Seite 129

42 Spüren Sie Ihre Gefühle – auch negative! Seite 133

43 Wie fühlt sich Glück an? Seite 137

44 Stimmungen aktiv beeinflussen, Seite 141

Werden Sie zum Wie-Denker, Seite 144 45

Die motivierende Kraft der Anerkennung, Seite 146 46

Packen Sie's an! Seite 148 47

Raus aus dem Alltagstrott! Seite 150 48

49 Einfach mal wundern, Seite 152

50 Die Kunst des Feedbacks, Seite 155

Eigene Ideen, Notizen, etc.

IDEEN- & ARBEITSHEFT

Mit jedem der 50 wertvollen Profi-Tipps aus dem Buch „Kleine Schritte - Grosse Veränderung" haben Sie die Gelegenheit, Ihre Gewohnheiten und Denkmuster zu überprüfen und Ihre eigenen Gedanken, Ideen und persönlichen Aufgabenstellungen zu notieren.

Nutzen Sie dieses Ideen- & Arbeitsheft, um aktiv an Ihren ganz persönlichen Fähigkeiten zu arbeiten und Ihre Ziele zu erreichen.

Wann haben Sie zum Beispiel quasi aus dem Nichts Ihres Kühlschranks heraus ein fabelhaftes Essen gezaubert, weil spontan Besuch kam oder weil Sie gerade Hunger hatten? Oder wann haben Sie etwas zusammengebaut, obwohl Ihnen bestimmte Werkzeuge oder Materialien fehlten? Und Sie haben es dennoch geschafft.

Ist das nicht ein ganz besonderes Gefühl der Freude und des Stolzes, wenn Sie sozusagen aus *nichts* ganz *viel* zaubern konnten? Achten Sie in Zukunft einmal ganz besonders darauf, wie sich Ihr körperliches Wohlbefinden direkt ins Positive wandelt, wenn Sie anstatt des Klagens sofort im Lösungsmodus sind und Ihnen viele Dinge durch das bewusste Hinschauen erfolgreich gelingen.

„Lerne zu gebrauchen, was vor Augen ist, statt nach anderem zu verlangen."

(Bibel, Prediger Salomo 6, 9)

Vertrauen Sie sich selbst!

Was ist eigentlich Selbstvertrauen? Ganz wörtlich genommen heißt es, dass ich mir selbst vertrauen kann. Ich traue mir etwas zu, habe bestimmte Fähigkeiten und bin überzeugt vom Sinn meines Handelns. Selbstvertrauen wächst, je mehr Erfahrungen und Erfolge wir haben. Das beginnt übrigens schon, wenn wir ganz klein sind, etwa im dritten Monat unseres Lebens, wenn wir zum ersten Mal alleine etwas greifen können. Das ist ein richtiges Erfolgserlebnis, ein Urerlebnis für Selbstvertrauen.

Gerade bei Kindern kann man sehr schön erkennen, dass die Lebensfreude aus dem eigenen Tun, aus dem eigenen Handeln entsteht. Je besser wir uns dann im Laufe unseres Lebens kennen lernen, desto besser können wir uns selbst auch vertrauen.

Es ist vergleichbar mit dem Vertrauen, das wir auch anderen Personen gegenüber entwickeln. Andere Menschen lernen wir auch erst einmal kennen – und je länger wir sie kennen, desto mehr vertrauen wir ihnen. Wenn wir Personen gerade frisch kennen lernen, müssen diese sich erst einmal so verhalten, dass sie unser Vertrauen auch verdienen und gewinnen. Und manchmal muss man Vertrauen, was verloren gegangen ist, erst wieder herstellen – das trifft sowohl auf andere Personen zu als auch auf uns selbst.

Genau darin liegt der Schlüssel, unser Selbstvertrauen zu steigern. Wir sollten uns einfach so verhalten, dass wir uns selbst vertrauen können.

Wann schenken Sie anderen Vertrauen? Wenn Sie wissen, wann Sie anderen Vertrauen schenken, dann wissen Sie auch, wie Sie sich selbst mehr vertrauen können. Vielleicht schenken Sie anderen Vertrauen, wenn Menschen ehrlich sind – das bedeutet, seien Sie also auch ehrlich zu sich selbst. Machen Sie sich selbst keine Versprechungen, die Sie nicht halten können. Vertrauen Sie auch Menschen, die zuverlässig sind und sich an Vereinbarungen halten? Dann halten Sie sich auch an Ihre eigenen Vereinbarungen. Wenn Sie sich vorgenommen haben, zwei Mal die Woche Sport zu treiben, dann halten Sie sich einfach dran.

Vertrauen Sie Menschen, die kompetent sind und wissen, wovon sie sprechen? Fördern auch Sie Ihre Kompetenzen und Stärken, besuchen Sie Fortbildungen, lesen Sie Fachbücher, erweitern Sie Ihren Horizont. Vertrauen Sie Menschen, die nicht nur reden, sondern auch handeln? Lassen auch Sie Ihren Gedanken Taten folgen – packen Sie's an, anstatt immer nur darüber zu reden.

Sie vertrauen Menschen, die Erfolg haben? Sorgen Sie für sich auch dafür, dass Sie sich immer wieder Aufgaben stellen, die Ihnen ein Erfolgserlebnis ermöglichen. Feiern Sie Ihre Erfolge auch! Sie vertrauen Menschen, die Ihnen gegenüber fair und wohlgesonnen, nett und freundlich sind? Seien Sie also auch gut zu sich selbst, behandeln Sie sich gut, tun Sie sich Gutes und reden Sie in Gedanken gut von sich. Nett, freundlich – nicht so etwas wie: „Bin ich wieder blöd!"

Probieren Sie es aus, Sie werden staunen, wie Sie Ihr Selbstvertrauen steigern.

„Wenn es einen Glauben gibt, der Berge versetzen kann, so ist es der Glaube an die eigene Kraft."

(Marie von Ebner-Eschenbach)

Wozu das alles?

Manchmal ist es wichtig, sich den Sinn einer Tätigkeit wieder bewusst zu machen, sich zu fragen: „Wozu mache ich das?“ Warum kann es gut sein, sich den Sinn einer Arbeit bewusst zu machen? Natürlich für Ihre Motivation, denn wenn Sie einen Sinn sehen, sind Sie motivierter als wenn Sie keinen Sinn sehen. Leider verlieren wir manchmal den Sinn oder wir sehen ihn einfach nicht. Dann quälen wir uns eher durch die Sache, denken einfach „Augen zu und durch“ – doch das macht nicht wirklich Spaß.

Quälen Sie sich weniger und suchen Sie nach dem „Wozu“. Wozu mache ich das, was ist der Sinn dieser ganzen Geschichte? Welches Ziel verfolge ich? Ob es nun das Fensterputzen ist oder das Unkrautjäten – gerade bei diesen Arbeiten ist es nicht immer einfach, sich zu motivieren. Beim Fenster putzen denken Sie vielleicht, dass es Unsinn ist, die sind ja doch bald wieder schmutzig – und auch, wenn Sie sich auf die Frage, wozu Sie die Fenster putzen, die Antwort geben: „Ja, damit sie sauber sind!“, ist das nicht richtig erfüllend. Doch der Gedanke: „Dieser Blick aus dem geputzten Fenster ist einfach wunderschön, in den Garten, in die Natur, so richtig klar die Welt wieder aus seinem Fenster erkennen zu können“ motiviert doch gleich ganz anders und hebt die Stimmung.

Die meisten Tätigkeiten erfüllen einen speziellen Sinn und sind in einem höheren Gesamtkontext wichtig. Und wichtige Dinge zu erledigen ist natürlich motivierender als unwichtige oder sinnlose. Suchen Sie also nach dem Sinn in Ihren Tätigkeiten.

Dabei sind folgende Fragen sehr hilfreich:

- Welche Bedeutung hat diese Arbeit in einem größeren Zusammenhang?
- Was stellt diese Arbeit für mich sicher?
- Welche Befriedigung werde ich erleben, wenn ich die Arbeit gemacht habe?
- Für was ist diese Arbeit eine Grundvoraussetzung, möglicherweise auch auf einer ganz anderen Ebene?
- Welche Kollegen sind auf meine Arbeit angewiesen?
- Was wäre, wenn ich diese Arbeit einfach nicht mehr machen würde? Welche Konsequenzen hätte es?

Und wenn Sie erkennen, dass es überhaupt keine Konsequenzen hätte oder vielleicht sogar positive, dann tun Sie sich selbst den Gefallen und tun diese Arbeit nicht mehr!

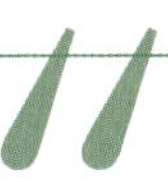

„Wer ein WOZU im Leben hat, erträgt fast jedes WIE."

(Friedrich Nietzsche)

Gedankenspiele

Wir haben immer wieder Gedanken, die uns Kraft und Spaß rauben, ausbremsen und demotivieren. Wie zum Beispiel: „Der gönnt mir meinen Erfolg nicht", „Ich werde das nie schaffen", „Er liebt mich einfach nicht" - diese Reihe ließe sich unendlich weiterführen.

Das Blöde an diesen Gedanken ist, dass wir sie glauben, dass wir sie für wahr halten. Dabei vergessen wir, dass diese Gedanken oft nur Interpretationen – meistens sogar Fehlinterpretationen – sind und mit den Fakten oft kaum etwas zu tun haben. Wenn wir diese Gedanken für wahr halten, dann berauben wir uns der Wahlfreiheit, die Realität auch anders interpretieren zu können.

Wie können wir jetzt die Wahlfreiheit zurück gewinnen und uns von diesen Gedanken nicht runterziehen lassen? Ganz einfach: Jonglieren Sie spielerisch mit Ihren Gedanken! Verdrehen Sie die Gedanken, kehren Sie sie ins Gegenteil um. Überprüfen Sie jedes Mal, ob da vielleicht auch ein Funken Wahrheit dran ist. Beispielsweise: „Der gönnt mir meinen Erfolg nicht." – Ein bisschen jongliert wird dann daraus: „Ich gönne mir meinen Erfolg nicht." – Ist da etwas Wahres dran? Ein kleines bisschen?

Noch weiter jongliert wird das zum „Ich gönne ihm den Erfolg nicht", oder „Er gönnt sich seinen Erfolg nicht". Hier können Sie mit einigen Bällen munter drauf los jonglieren. Wahrscheinlich ist an jedem Gedanken, den Sie neu kreieren, auch ein kleiner Funken Wahrheit dran.

Der Gedanke „Er liebt mich nicht mehr" ein wenig jongliert wird zu „Ich liebe ihn nicht mehr" – da ist vielleicht auch etwas dran. Oder „Ich liebe mich nicht mehr". Ein bisschen weiter jongliert kommt so etwas raus wie: „Er liebt sich nicht mehr".

Ich finde es immer wieder erstaunlich, dass an allen Verdrehungen auch immer etwas dran ist, was wir bestätigen können, denn jeder Gedanke hat seine eigene Wahrheit. Wenn man sich das bewusst macht, verliert dieser absolute Gedanke wie beispielsweise „Er liebt mich nicht mehr" an Bedeutung, wodurch sich auch mein Verhalten ändert.

Jonglieren Sie also spielerisch mit den Gedanken, um zu überprüfen, was noch alles wahr ist. Wir konstruieren uns selbst unsere Wahrheit, durch unsere Wahrnehmung und durch unsere Interpretation dessen, was wir wahrnehmen. Unsere Wahrnehmung ist höchst subjektiv und selektiv. Das sollten wir uns immer wieder vor Augen halten.

„Das Problem entsteht, wenn du deinen Gedanken glaubst, wenn du dich damit identifizierst."

(Byron Katie)

„Vielleicht" öffnet ungeahnte Möglichkeiten

Die meisten Gespräche führen wir mit uns selbst. Umso wichtiger ist es, immer wieder auf unsere inneren Dialoge zu achten. Das Wörtchen „vielleicht" ist ein regelrechtes Zauberwort, weil es Wege für Veränderungen und Handlungsmöglichkeiten öffnet.

Wenn Sie sich innerlich sagen hören „das schaffe ich nie", dann schwächen Sie diese Aussage ab durch den Zusatz „vielleicht schaffe ich es doch, wenn…", oder „das traue ich mich nicht" wird durch den Zusatz abgeschwächt: „Aber vielleicht traue ich mich das schon bald", oder „das habe ich ja noch nie so gemacht", dann schwächen Sie diese Aussage ab mit „vielleicht mache ich es einfach mal so". „Das geht bestimmt wieder schief" wird zu „vielleicht geht es dieses Mal aber gut".

Statt „vielleicht" können Sie auch „möglicherweise" oder „eventuell" sagen, das hat dieselbe Wirkung.

Besonders bei scheinbar endgültigen Aussagen, die Sie anderen gegenüber äußern, wie „Nein, ich mache auf keinen

Fall einen Feuerlauf", lassen Sie sich selbst noch einen Weg offen, wenn Sie innerlich oder auch zum anderen sagen „eventuell mache ich den Feuerlauf". Ohne das „eventuell" oder „"vielleicht" wollen Sie ja nicht Ihr Wort brechen, Sie wollen zu sich stehen, wollen nicht umfallen. Mit diesem Zauberwort lassen Sie sich Entscheidungen und Handlungsmöglichkeiten offen, bis alle Details bekannt sind, ohne das Gefühl zu haben, sein Gesicht zu verlieren.

Natürlich ist grundsätzlich auch eine Umentscheidung immer möglich, frei nach Adenauer: „Was interessiert mich mein Geschwätz von gestern." Schließlich ist unser Leben Entwicklung, was auch bedeutet, dass wir Meinungen und Einstellungen ändern dürfen.

„Auch der Geist hat seine Hygiene, er bedarf, wie der Körper, einer Gymnastik."

(Honoré de Balzac)

Hinterfragen Sie Ihre Gedanken

Gehören Sie auch zu den Menschen, die häufiger Dinge anzweifeln? Der Vorteil daran ist, dass Sie durch diesen Zweifel eine Wahrheit festigen oder eine Lüge entlarven.

Wir werden jeden Tag mit so vielen Informationen bombardiert, die angeblich zweifelsfrei stimmen. Wir lesen etwas schwarz auf weiß in einer Zeitung – kein Zweifel, so wird es dann auch sein. Wir sehen einen Bericht im Fernsehen – und was wir sehen, das ist natürlich wahr. Wir hören einen Beitrag im Radio und glauben, auch das, was wir hören, ist die Wahrheit.

Selbstverständlich wissen wir, Papier ist geduldig, und dennoch ist es viel bequemer, einfach zu glauben, was wir lesen, hören und sehen. Der Wahrheit auf die Spur zu kommen, ist meistens mit Aufwand und vor allen Dingen auch Engagement verbunden. Außerdem macht man sich dabei ja nicht immer Freunde. Oft gibt es *die* einzig wahre Wahrheit auch überhaupt nicht.

Es ist spannend, einmal zu hinterfragen, was wirklich echt und ganz absolut sicher ist. Was von all den Informationen rund um uns herum ist mit absoluter Gewissheit wirklich wahr. Das betrifft sowohl die Meldungen und Informationen, die wir täglich erhalten als auch unsere eigenen Gedanken.

Unsere Gedanken halten wir auch gerne für die Wahrheit und meinen die Gewissheit zu haben, dass unser Gedanke der einzig richtige ist. Dieser Gedanke beeinflusst natürlich unser Verhalten, unsere Kommunikation mit anderen und auch, wie wir mit uns selbst umgehen.

Haben Sie beispielsweise den Gedanken, dass Sie von einer anderen Person nicht gemocht werden, verhalten Sie sich dieser Person gegenüber anders – vielleicht unsicherer – als wenn Sie denken würden, dass Sie gemocht werden. Haben Sie den Gedanken, dass Sie zwei linke Hände haben, dann verhalten Sie sich anders als wenn Sie denken, dass Sie talentiert sind.

Zweifeln und prüfen Sie also einmal bewusst Ihre Gedanken und die Informationen, die Sie so erhalten. Seien Sie gespannt, wohin diese Zweifel Sie führen, was Sie entdecken und erkennen.

„Das Denken ist das Selbstgespräch der Seele."

(Plato)

Das Zauberwort „Danke“

Waren Sie als Kind auch manchmal ein bisschen genervt, wenn Sie ein Erwachsener ermahnte: „Wie sagt man? – Danke!“ – Doch wenn man ein paar Jahre reifer ist, dann erkennt man den wahren Wert dieser erzieherischen Maßnahme. Denn wir beginnen eventuell hier und da das *Danke* und die damit verbundene Anerkennung zu vermissen.

Vielleicht gehören auch Sie zu den Menschen, die gerne ein wenig mehr Anerkennung von anderen bekommen würden. Zum Beispiel mehr Anerkennung vom Vorgesetzten dafür, dass Sie das Projekt erfolgreich beendet haben, mehr Anerkennung von der Ehefrau, dass Sie das Auto für den Urlaub fit gemacht haben. Oder mehr Anerkennung vom Ehemann, dass Sie das Frühstück gemacht haben, oder oder oder.

Denn wir sind nun mal soziale Wesen und wir brauchen Anerkennung. Es tut uns gut, wenn jemand sieht, was wir getan haben und das mit einem *Danke* auch würdigt. *Danke* ist die einfachste und doch auch eine sehr wirkungsvolle Möglichkeit, jemanden Anerkennung entgegenzubringen. Dennoch vergessen wir uns zu bedanken, auch wenn die Kinderstube noch so gut war.

Woran liegt das? Ich glaube, weil wir vieles für selbstverständlich erachten, was immer irgendwie da ist. Und was immer irgendwie da ist, wird auch immer selbstverständlicher. Dann denken wir, wir müssten uns nicht mehr bedanken, wir müssten das nicht mehr wertschätzen. Aber ist es wirklich selbstverständlich?

Mein Tipp: Schenken Sie Ihren Mitmenschen besondere Aufmerksamkeit und überlegen Sie mal, wofür Sie *danke* sagen können. Vielleicht bedanken Sie sich wirklich für etwas, was Sie eigentlich für ganz selbstverständlich halten. „Danke, dass Sie das Projekt so zuverlässig zum Erfolg geführt haben." – „Danke, dass du Frühstück gemacht hast." – „Danke, dass du dich um das Auto kümmerst." – Können Sie sich vorstellen, wie gut das tut?

Achtung! Wichtig ist, wenn Sie sich bedanken, dass Sie es auch wirklich so meinen, dass Sie es auch fühlen, spüren und aufrichtig sind. Seien Sie sehr präsent, wenn Sie die Worte sprechen, schauen Sie die Person wirklich an. Blickkontakt ist ganz wichtig. Ihre gesamte Haltung, die innere und äußere Haltung, sollte Wertschätzung und Dankbarkeit ausdrücken.

Es kann sein, dass die Person am Anfang etwas irritiert ist, weil sie es (leider) gar nicht mehr gewohnt ist. Aber glauben Sie mir, es tut ihr ganz bestimmt gut, wenn Sie es aufrichtig meinen.

Wissen Sie, was so richtig wunderbar ist? Wenn Sie anfangen, mehr Dankbarkeit in Ihr Miteinander, in Ihre Kommunikation einfließen zu lassen, dann kommt es auch irgendwann zurück. Auch Ihnen tut es so richtig gut, gesehen und zu gewürdigt zu werden für das, was Sie tun.

„Keine Schuld ist dringender,
als die, Dank zu sagen."

(Marcus Tullius Cicero)

Lernen - es geht auch anders

„Übung macht den Meister", dieses Sprichwort ist uns noch gut bekannt von damals, als wir ein Musikinstrument lernen wollten, Tennisstunden oder den ersten Golfunterricht nahmen. Tatsächlich, es ist noch kein Meister vom Himmel gefallen, alle unsere Handlungen unterliegen einem langen Lernprozess. Doch auch das Lernen mag gelernt sein. Deshalb hier einige Tipps, mit denen Sie neue Bewegungsabläufe sechsmal so schnell lernen wie bisher.

Wiederholen Sie nach dem ersten Durchführen der neuen Bewegung genau diesen Ablauf nur im Geiste, ohne die entsprechenden Muskeln zu bewegen – damit erleichtern Sie Ihrem Gehirn die Arbeit wesentlich. Gehen Sie mental den Bewegungsablauf durch, im Originaltempo und am besten mit geschlossenen Augen. Stellen Sie sich dabei nicht nur vor, wie Sie sich bewegen, sondern auch, was Sie dabei fühlen, sehen und hören.

Diesen Lerntrick kennen wir bereits von Profis wie Skiabfahrtsläufern, Rennfahrern, Hochspringern und vielen anderen Sportlern. Sie gehen vor dem Wettkampf ihre Abläufe mental durch. Das ist weit mehr als eine reine Konzentrations- oder Gedächtnisübung, sondern eine reale Programmierung von den Neuronenbahnen im Gehirn.

Eine weitere Methode ist das Lernen mit dem ganzen Körper. Nutzen Sie die Kraft Ihrer Gedanken und wandeln Sie rein theoretische Lerninhalte in Bewegungen um: Wenn Sie Vokabeln lernen, führen Sie eine Gebärde dazu aus: „to drive up – vorfahren". Bewegen Sie sich wie eine große Limousine vor einem vornehmen Hotel und heben Sie sich dabei „up". Beim Wiederholen der Vokabel stellen Sie sich Ihre Geste dazu vor.

Viel schneller und effektiver können Sie sich Dinge behalten, indem Sie den Raumeffekt nutzen. Ihr Gedächtnis kann sich Orte und Bewegungen im Raum viel leichter merken als rein abstrakte Inhalte. Kennen Sie das: Gerade eben hatten Sie noch einen Gedanken, aber im Weitergehen ist er Ihnen entfallen. Wenn Sie zu der Stelle zurückgehen, an der Sie ihn noch wussten, fällt er Ihnen wieder ein.

Genau diese Stärke unseres Gehirns nutzen wir optimal aus. Wenn Sie sich vier Punkte eines neuen Lernstoffs merken möchten, lernen Sie jeden Punkt in einem anderen Raum oder einer markanten Ecke Ihres Zimmers. Variieren Sie dabei so viel wie möglich: Lernen Sie einen Punkt im Stehen, einen anderen im Sitzen auf dem Boden. Wenn Sie den Stoff wiederholen, begeben Sie sich im Geist an den jeweiligen Lernort.

Probieren Sie es einfach mal aus, wenn Sie sich beispielsweise für eine Rede oder für eine Prüfung vorbereiten. Zu dem Zeitpunkt, an dem Sie dann tatsächlich diese so geübte Rede halten, gehen Sie geistig durch den Raum, in dem Sie den Inhalt gelernt haben und kommen so an jeden „Lernpunkt", können also alle Details des Vortrags automatisch abrufen.

„Wer aufhört zu lernen, ist alt.
Er mag zwanzig oder achtzig sein"

(Henry Ford)

Die Macht der Pause

Im Dialog passiert es oft, dass entweder nur der eine oder nur der andere redet. Das geht normalerweise Schlag auf Schlag. Oder noch schlimmer: Wir lassen den anderen gar nicht erst ausreden. In dieser Art von Gesprächen gibt es wenig Zeit, sich in Ruhe mal ein paar Gedanken zu machen. Dabei ist das Denken in Gesprächen nicht nur für das Gespräch an sich nützlich, sondern es gibt dem Gesprächspartner auch ein gutes Gefühl, wenn er merkt, dass man über das nachdenkt, was er sagt.

Stellen Sie sich vor Ihr Partner fragt Sie, ob Sie heute Abend miteinander Pizzaessen gehen wollen. Möglichkeit 1: Sie sagen direkt, ohne zu zögern: „Nein." Möglichkeit 2: Sie warten einen Moment, überlegen kurz und sagen: „Nein." – Probieren Sie es einfach mal aus – es fühlt sich anders an. Der andere bekommt die Absage nicht so hart „hingeknallt".

Auch im Verkaufsgespräch nehmen Sie sich den Druck, einen Einwand des Kunden sofort aus dem Weg zu räumen, wenn Sie sich diese Pause gönnen. Der Kunde merkt, dass wir denken. Auch das gibt dem Kunden ein gutes Gefühl, er fühlt sich ernst genommen.

Ein weiterer positiver Nebeneffekt der Sprechpause ist, dass beim Gesprächspartner genau dadurch Sprechimpulse ausgelöst werden können. Das bedeutet, dass wir eventuell noch mehr Informationen bekommen, die für uns und das Gespräch hilfreich sind. Eine Pause fängt an, irgendwann etwas unangenehm zu werden. Daher entsteht dann dieser Sprechimpuls und der andere spricht noch mehr.

Sie verleihen Ihren Worten mit einer Pause mehr Gewicht, erzeugen dadurch eine größere Spannung, sodass der andere Ihnen noch lieber zuhört.

„Menschen ändern ihre Meinung nicht, während wir reden, sondern im inneren Dialog mit sich selbst, während wir schweigen."

(Quelle unbekannt)

Verschieben Sie die Zeit

Wir können die Zeit jederzeit verschieben – wann immer wir es wollen! Was meine ich damit? Erinnern Sie sich einmal an eine Situation, die so etwa drei bis fünf Jahre zurückliegt. Eine Situation, die Ihnen so richtig peinlich war, in der Sie sich so richtig aufgeregt haben.

Wenn Sie jetzt mit diesem zeitlichen Abstand auf diese Situation von damals zurückblicken und Ihre Gefühle vergleichen, wie haben Sie sich damals in dieser Situation gefühlt? Wie fühlen Sie sich jetzt, wenn Sie sich nach so einer langen Zeit an diese Situation erinnern? Kann es sein, dass Ihnen das, was Ihnen damals so unglaublich peinlich war, oder was sich so richtig schlimm für Sie angefühlt hat, vielleicht heute eher ein bisschen lustig vorkommt, Sie sogar darüber lachen können? Kann es sein, dass Sie das, was Sie damals so richtig bitter aufgeregt hat, heute eher belächeln?

Wenn wir einen gewissen zeitlichen Abstand zu unseren unangenehmen Situationen haben, dann gehen wir emotional ganz anders mit ihnen um. Wir haben mehr Humor, sind gelassener, sehen die ganze Situation mit einem gesunden Abstand, anstatt uns in irgendein Detail mürrisch festzubeißen.

Wie wäre es, wenn wir in akuten unangenehmen Situationen gedanklich einfach so tun würden, als ob wir uns nach fünf oder zehn Jahren an genau diese Situation erinnern würden? Werden wir uns in der Zukunft überhaupt noch an diese Situation erinnern? Wird diese Situation eine Relevanz in meinem späteren Leben haben? Werden wir vielleicht darüber schmunzeln, lächeln oder einfach nur den Kopf schütteln? Wie werden wir darüber in der Zukunft denken und sprechen? In fünf Jahren, in zehn Jahren? Wird vielleicht diese Situation sogar eine lustige Anekdote werden in Ihrem Leben, die Sie dann mal gerne Ihren Freunden erzählen werden?

Mit dieser kleinen, mentalen Zeitverschiebung gelingt es Ihnen, in der akuten unangenehmen Situation emotional Abstand zu gewinnen und gelassener zu reagieren. Recht oft werden Sie mit großer Wahrscheinlichkeit feststellen, dass die Situation auf Ihr ganzes Leben betrachtet wenig oder gar keine Relevanz hat. Also: Wozu die ganze Aufregung? Üben Sie sich in heiterer Gelassenheit, verschieben Sie einfach mal die Zeit und konzentrieren Sie sich auf die wirklich wichtigen Dinge in Ihrem Leben.

„Am liebsten erinnere ich mich an die Zukunft."

(Salvador Dalí)

Die Kunst des Gedankenlesens

In Kontakt mit anderen fragen wir uns häufig, was der andere über uns denkt. Wirke ich langweilig oder findet mich der andere interessant? Ist mein Kollege einfach nur freundlich, weil er mich sympathisch findet oder will er vielleicht etwas von mir? Hat mein Auftraggeber mein Honorar für angemessen gehalten oder findet er es doch übertrieben? Viele Gedanken machen wir uns über die Gedanken anderer Menschen.

Ganz oft können wir nicht einfach so offen nachfragen, was der andere gerade denkt – also müssen wir uns auf unser Bauchgefühl verlassen, auf die Kunst, intuitiv aus dem Bauch heraus Gedanken zu lesen. Doch wie zuverlässig ist diese Kunst? Untersuchungen ergaben, dass die Trefferquote bei nur 20% - 60% liegt! Aufgepasst wenn wir denken, wir wüssten ganz genau, was der andere denkt, und wir entsprechend unser Verhalten, unsere Reaktionen anpassen.

Doch gibt es Möglichkeiten, die Kunst des Gedankenlesens zu steigern:

• Interessieren Sie sich für die anderen. Wie gehen Ihre Kollegen mit dem Chef oder mit den Kunden um? Sprechen Sie in den Pausen auch mal private Themen an, um Ihre Kollegen besser kennen zu lernen. Stellen Sie viele offene Fragen, um ein Gefühl dafür zu entwickeln, wie der andere denkt und fühlt.

• Achten Sie sehr genau auf Körpersignale, vor allem auf die ganz kleinen Signale, die man nicht sofort wahrnimmt, die weniger leicht kontrollierbar sind. Dazu gehört zum Beispiel die obere Gesichtshälfte. Ein Mund kann lächeln, doch wenn das Lächeln ernst gemeint ist, sehen Sie das an den Muskeln rund um die Augenpartie.

• Achten Sie auf die Wendepunkte eines Gesprächs. Oft ist es am Anfang alles schön und nett, wir verstehen uns, was wir unter anderem daran erkennen, dass der andere den Blickkontakt hält und wir auf einer Welle schwingen. Dann kann es sein, dass Ihr Gesprächspartner plötzlich diesen Kontakt abreißen lässt und sich möglicherweise von Ihnen sogar abwendet, zurückweicht, die Lippen zusammenkneift. Dann sollten wir etwas vorsichtiger sein, mit dem, was wir sagen, damit der andere sich wieder öffnen kann.

• Wenn Sie wollen, dass Ihr Gesprächspartner seine Gefühle zeigt, dann gehen Sie mit gutem Beispiel voran und zeigen

Sie Ihre eigenen Gefühle. Dabei gehen wir natürlich behutsam vor und überrollen den anderen nicht mit unserer emotionalen Offenheit, sonst erreichen Sie genau das Gegenteil. Die Fähigkeit, sich in die Gedanken und Gefühle anderer einzufühlen, lässt sich tatsächlich trainieren. Schärfen Sie Ihre Wahrnehmung, hören Sie gut zu, öffnen Sie sich, seien Sie neugierig, den anderen zu verstehen.

Bevor Sie sich ganz auf das Gedankenlesen verlassen, fragen Sie einfach häufiger nach, wie der andere über die Sache denkt. Das zeigt Ihr Interesse und ist sehr förderlich für das Gespräch.

„Gedanken sind Kräfte."

(Nikolaus B. Enkelmann)

Setzen Sie sich mal auf den Mond

Viele Menschen wünschen sich, sie würden manches nicht so nahe an sich ran lassen, nicht immer so emotional reagieren. Sie sind nahe am Wasser gebaut und fühlen sich unsicher, wenn ihnen eine peinliche Situation oder eine Panne passiert. Sie fühlen sich regelrecht ungeschützt, wenn andere eine unfreundliche Bemerkung über sie machen oder wenn jemand Kritik übt.

Es gibt ganz einfache Möglichkeiten, sich in solchen Situationen ein dickeres Fell zuzulegen. Wichtig ist, dass Sie sich und die andere Person einfach mal mit Abstand betrachten. Projizieren Sie beispielsweise die Situation auf eine imaginäre Kinoleinwand, setzen Sie sich in dieses Kino und schauen sich die Szene an, die Ihnen gerade so zu schaffen macht.

Gut ist es auch, sich und die gesamte Situation aus der Vogelperspektive zu betrachten oder sich einfach mal auf den Mond zu setzen und hinunter auf die Erde zu schauen.

Stellen Sie sich dann vor, wie ein guter Freund oder eine gute Freundin wohl in dieser Situation reagieren würde und tun Sie für einen Moment so, als wären Sie diese Person. Stellen Sie sich dann vor, sich genauso wie diese Person zu verhalten.

Auch Filme, Nachrichten, Zeitungsberichte können Gefühle, Ängste und Bedrohungen im Menschen auslösen. Bedenken Sie, dass Sie immer nur subjektiv ausgewählte Ausschnitte sehen. Auch bei Zeitungsberichten ist das, was Sie da schwarz auf weiß lesen, noch lange nicht die ganze Wahrheit. Durchschauen Sie die Mechanismen der Medien, so gewinnen Sie auch emotionalen Abstand zu den Ereignissen und lassen sich davon nicht so runterziehen.

„Wenn es nur eine einzige Wahrheit gäbe, könnte man nicht hundert Bilder über dasselbe Thema malen."

(Pablo Picasso)

Jeder gibt sein Bestes

Können Sie sich vorstellen, dass Menschen im Rahmen ihrer Möglichkeiten immer ihr Bestes geben?

Sie kennen das sicherlich, dass wir uns über einen anderen Menschen ärgern, ihn vielleicht sogar beschimpfen und uns von ihm verletzt fühlen. Wenn wir das tun, sind wir innerlich immer der Meinung, dass der Mensch nicht so, sondern anders hätte sein müssen, dass er etwas nicht hätte sagen dürfen, dass er uns hätte anders behandeln müssen oder dass er einfach anders hätte reagieren müssen. Wir verurteilen sein Verhalten und würgen ihn innerlich vor Wut.

Ist das wirklich nützlich? Ist das hilfreich für uns oder für die andere Person oder für die Situation insgesamt? – Eher selten. Wenn Sie in solchen Situationen gelassen bleiben können und einen kühlen Kopf behalten wollen, ist es besser, Ihren Gesprächspartner zu würdigen anstatt ihn innerlich zu würgen.

Das scheint im ersten Moment erst einmal völlig abwegig, unsinnig und unmöglich. Und dennoch: Würdigen Sie ihn innerlich. Machen Sie sich bewusst, dass das Verhalten dieser

Person im Rahmen ihrer Möglichkeiten das Beste war, was sie gerade zustande bringen konnte. Darin liegt der Knackpunkt: Jeder Mensch handelt nach seinen Möglichkeiten!

Manchmal kann ein Mensch einfach gar nicht anders, als zu schimpfen, zu beleidigen oder sonst irgendetwas, weil er in einem mentalen und emotionalen Zustand gefangen ist, der ihm keine andere Verhaltensweise ermöglicht. Es ist ja nicht so, dass jemand, der gerade total entspannt und gut drauf ist, sich vornimmt, Ihnen jetzt mal ordentlich etwas „vor den Latz zu knallen". Irgendetwas in ihm begrenzt seine Handlungs- und Denkmöglichkeiten, sodass er nur im Rahmen dieser Möglichkeiten handeln und denken kann.

Wenn Sie es schaffen, sich diese Haltung anzueignen, dass jeder Mensch immer das Beste innerhalb seiner Möglichkeiten gibt, werden Sie künftig wesentlich gelassener in schwierigen oder hitzigen Situationen reagieren können. Damit erhöhen Sie die Möglichkeit, dass Sie wieder einen guten Kontakt zu Ihrem Gesprächspartner herstellen können.

„Beide schaden sich selbst: der, der zu viel verspricht und der, der zu viel erwartet."

(Gotthold Ephraim Lessing)

Die Macht der Begeisterung

Um andere Menschen begeistern zu können, müssen Sie erst einmal selbst ein Mensch sein, der begeisterungsfähig ist, oder, um mit den Worten von Augustinus zu sprechen, „Wer andere entzünden will, muss brennen". Was fasziniert Sie? Wofür brennen Sie? Wie fühlt es sich bei Ihnen an, wenn Sie brennen? Wo fühlen Sie Ihre Flamme? Im Bauch, im Herz, wo ist das genau?

Lernen Sie, sich noch mehr an der einen oder anderen Stelle zu begeistern, vielleicht ein Hobby, was Sie früher leidenschaftlich verfolgt haben. Heute haben Sie Ausreden wie: „Ja, ja, ich weiß, die Zeit, wenn der Tag nur 25 Stunden hätte, wir kommen ja nicht mehr dazu." Entdecken Sie Ihre Begeisterung wieder. Sagen Sie sich: „Heute ist der Tag, da will ich endlich mal wieder schwimmen gehen, weil ich es früher so geliebt habe", oder „Ich möchte heute endlich mal dieses eine Buch lesen, weil es mich so bereichert hat, mich so begeistert hat".

Woran erkennen Sie es, wenn andere begeistert sind? Vielleicht am Funkeln in den Augen, an der schwungvollen Körpersprache oder an der lebendigen Art, darüber zu sprechen? Begeisterung ist eine unbändige Energie, eine Kraft, ein Antrieb.

Begeisterung ist ein Funken, ein Funken des Lebens, Begeisterung gibt Glauben, Begeisterung regt Menschen zum Handeln an. Begeisterung ist der Sprit für Ihren Motor, damit Sie Ihre Ziele erreichen können, damit Sie Ausdauer haben. Begeisterung und Begeisterungsfähigkeit machen Sie übrigens auch attraktiv und anziehend. Überlegen Sie, wie anziehend es ist, von einem Menschen umgeben zu sein, der Begeisterung versprüht. Das ist regelrecht sexy.

Wenn Sie einen Menschen motivieren bzw. begeistern wollen, dann sollten sie an diesen Menschen mehr glauben, als es der Mensch selbst tut. Wer Menschen begeistern kann, kann auf Zwang verzichten. Leben Sie jeden Tag mit Begeisterung: Strahlen Sie, funkeln Sie, brennen Sie vor Begeisterung und Sie werden kleine Wunder erleben.

Wissen Sie was passiert, wenn Sie eine Kuh nicht jeden Tag ganz ausmelken? Dann gibt sie jeden Tag etwas weniger Milch. Was hat das jetzt mit Ihnen zu tun?

Ganz einfach: Wenn Sie Ihre Kräfte, Ihre Fähigkeiten, die Sie besitzen, nicht jeden Tag wieder aktivieren, dann werden Sie jeden Tag ein bisschen unfähiger, mit den täglichen Herausforderungen fertig zu werden und sich in dieser Welt gut zu behaupten. Hören Sie nicht auf zu sein, leben Sie!

„Wenn du ein Schiff bauen willst, dann trommele nicht die Männer zusammen, um Holz zu beschaffen, die Aufgaben zu vergeben und die Arbeit einzuteilen, sondern lehre sie die Sehnsucht nach dem weiten, endlosen Meer."

(Antoine de Saint-Exupéry)

Wessen Angelegenheit ist es?

Haben Sie auch schon mal bemerkt, dass wir uns sehr gerne den Kopf der anderen zerbrechen? Achten Sie einmal bewusst darauf, in wessen Angelegenheiten Sie sich dann eigentlich befinden. Dabei haben wir mit unserem eigenen Kopf und unseren Angelegenheiten wirklich schon genug zu tun.

Dennoch mischen wir uns mit unseren Gedanken, Worten und Handlungen so gerne in fremde Angelegenheiten, obwohl uns das oft gar nicht gut tut. Manchmal leiden wir sogar richtig darunter, dass wir uns mit den Angelegenheiten anderer beschäftigen. Wir denken immerzu darüber nach, was der andere verändern könnte, um es besser zu machen. Aber genau dieses „es" ist eben nicht unsere Angelegenheit. Es ist seine beziehungsweise ihre Angelegenheit.

Es gibt drei verschiedene Angelegenheiten: meine, deine und die des Universums. Wenn Sie ein unangenehmes Gefühl bei sich bemerken, dann fragen Sie sich mal, in wessen Angelegenheit Sie sich gerade befinden. Wenn es beispielsweise seit Tagen regnet, ist es eindeutig die Angelegenheit des Universums. Wenn der Nachbar seinen Rasen nicht mäht, dann ist es die Angelegenheit Ihres Nachbarn. Wessen Angelegenheit ist es, wenn Sie einen überladenen Terminkalender haben und sich vielleicht darüber ärgern? Ihre Angelegenheit. Und die können Sie aktiv gestalten und verändern.

Bleiben Sie also bei sich und Ihren Angelegenheiten. Sie haben weder die Verantwortung für den Regen noch für den Nachbarn. Übernehmen Sie für Ihren eigenen Wirkungskreis die Verantwortung, anstatt zu überlegen, was das Universum oder der Nachbar Ihrer Meinung nach tun sollte.

In diesem Zusammenhang ist es übrigens auch sehr interessant, wie oft Sie jemandem einen Rat geben, obwohl Sie gar nicht danach gefragt wurden. Sie geben einfach einen Rat, weil Sie die Angelegenheit des anderen zu ihrer machen. Woher wissen Sie, dass der andere Ihren Rat auch will, dass er einverstanden ist. Vielleicht fragen Sie ihn einfach mal. Dann haben Sie die Erlaubnis, sich in seine Angelegenheit einzubringen. Wenn Sie Ihren Rat gegeben haben, überprüfen Sie bitte, ob dieser Rat auch für Ihre Angelegenheiten nützlich ist, ob Sie diesen Rat auch für sich anwenden können.

Wenn Sie sich häufiger vergegenwärtigen, in welche Angelegenheit Sie sich gerade einmischen, und dann für sich erkennen, dass es gar nicht Ihre ist, dann erlauben Sie sich selbst, sich auf *Ihre* Angelegenheiten zu konzentrieren. Vielleicht spüren Sie dabei auch eine gewisse Gelassenheit, wenn Sie sich aus den Angelegenheiten anderer wieder rausnehmen und sich auf sich selbst besinnen.

„Die Wirklichkeit ist stets freundlicher als die Geschichte, die wir über sie erzählen."

(Byron Katie)

Freude im Job

Leben Sie, um zu arbeiten... oder arbeiten Sie, um zu leben... oder leben Sie auch beim Arbeiten... und haben auch noch Spaß dabei? Wenn wir bedenken, wie viel Zeit wir an unserem Arbeitsplatz verbringen, wie viele Stunden sich an einem Tag, in einer Woche, ja, in unserem Leben ansam-meln, dann ist es enorm wichtig, tatsächlich auch Spaß dabei zu haben.

Wie steigern wir unsere Motivation und Freude an der Arbeit? Lassen Sie sich von folgenden Tipps inspirieren:

- Machen Sie sich den Sinn Ihrer Arbeit bewusst. Wozu ist das gut, was Sie da täglich tun? Welchem höheren Ziel dient Ihre Arbeit?

- Leben Sie im Moment. Wenn Sie irgendetwas tun, dann tun Sie es mit voller Aufmerksamkeit und Hingabe. Bleiben Sie mit Ihren Gedanken völlig bei der Sache, anstatt darüber nachzudenken, wie schön es wäre, wenn Sie Urlaub hätten.

• Konzentrieren Sie sich auf das gute Gefühl, wenn Sie etwas erledigt haben. Die To-do-Liste abhaken - das ist einfach wundervoll.

• Nehmen Sie jeden noch so kleinen Fortschritt wahr. Schärfen Sie Ihre Wahrnehmung für jedes Vorankommen.

• Belohnen Sie sich selbst. Es ist ganz wichtig, sich auch immer wieder etwas Gutes zu tun: Wenn Sie es nicht tun, wer dann?

• Nehmen Sie wahr, was gut ist. Die netten Kollegen, das erfolgreiche Kundengespräch, das leckere Essen in der Mittagspause.

• Den Brocken zuerst: Verschaffen Sie sich ein Erfolgserlebnis, indem Sie morgens gleich etwas, was Sie schon länger vor sich herschieben, erledigen. Und dann genießen Sie dieses herrliche Gefühl, diesen Brocken endlich erledigt zu haben.

• Seien Sie mal paradox. Überlegen Sie, was Sie oder andere alles tun müssten, damit Ihr Job so richtig frustrierend wird.

• Seien Sie dankbar für das, was Sie haben. Richten Sie Ihre Aufmerksamkeit einmal ganz besonders auf all das Positive, was ist.

- Begeben Sie sich auf eine Zeitreise: Erinnern Sie sich daran, was Ihnen an diesem Job Spaß gemacht hat, als sie ihn ganz neu angefangen haben. Wie haben Sie damals die ersten paar Wochen erlebt?

- Schenken Sie sich selbst, Ihren Kollegen und auch Ihrem Chef Anerkennung.

- Tun Sie jemandem einen Gefallen. Die Freude des anderen darüber zu spüren, wenn man jemandem geholfen hat, gibt einem selbst auch ein großartiges Gefühl des Glücks.

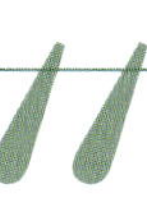

„Freude an der Arbeit lässt das Werk trefflich geraten."

(Aristoteles)

Kleines Wort mit großer Wirkung

Es ist immer wieder spannend, einmal genau darauf zu achten, wie wir mit uns selbst reden. In diesem inneren Dialog machen sich manche Mut, andere beschimpfen sich, bremsen sich aus, treiben sich an oder loben sich sogar. Sehr beliebt sind solche Formulierungen wie „jetzt stell dich nicht so blöd an", oder „herrje, wie siehst du denn heute aus", oder „das hast du jetzt mal richtig gut gemacht".

Vielleicht geht es Ihnen ja wie den meisten Menschen, und Sie sind sehr streng zu sich. Sie sagen eher selten so nette Sachen wie „toll, wie ich heute aussehe". Doch sollten wir zu uns selbst mindestens genau so nett sein wie zu anderen. Dazu gehört, dass wir uns unsere inneren Dialoge bewusst machen und die negativen Botschaften verändern. Wenn Sie alleine ein Teil der negativen Selbstbotschaften auf eine konstruktive und fördernde Weise verändern, dann hat das sowohl für Ihr Wohlbefinden als auch für Ihre Selbstmotivation enorm positive Folgen.

Wie können Sie nun diese gemeinen Botschaften verändern? Zum Beispiel durch das kleine Zauberwort „noch". Mit diesem Wort können wir eine negative Botschaft auf ganz einfache, aber wirkungsvolle Weise verändern. Spüren Sie mal, wie folgende Sätze wirken: „Ich habe keinen Job" – „Ich habe *noch* keinen Job"; „Ich habe keinen Partner" – „Ich habe *noch* keinen Partner"; „Ich kann das nicht" – „Ich kann das *noch* nicht"; „Ich kann mich nicht zum Sport aufraffen" – Ich konnte mich bisher *noch* nicht zum Sport aufraffen... aber, vielleicht gleich", oder „Ich sehe verschlafen aus" – „Ich sehe *noch* verschlafen aus".

Merken Sie, welchen Unterschied dieses kleine Wörtchen bewirkt? Dieser Unterschied ist für die meisten Menschen sofort spürbar. Das Wort „noch" öffnet Wege für Veränderungsmöglichkeiten. Eine Aussage ist nicht mehr so absolut, so festgeschrieben. Das „noch" deutet an, dass wir bereits auf dem Weg sind, etwas zu ändern. Es fordert uns auf zu handeln. Es braucht nur ein wenig Selbstdisziplin, das Wörtchen „noch" in Ihre Selbstbotschaften einzubauen. Lassen Sie sich dann einfach überraschen, wie positiv es auf Sie wirken wird.

Auch im Gespräch mit anderen kann es sehr nützlich sein, Aussagen oder Fragen weniger absolut zu formulieren, sondern stattdessen die Absicht der Veränderung des

Status quo gleich mit einzubauen. Einer sagt: „Ich bin heute überhaupt nicht motiviert." Sie sagen: „Du bist *noch* nicht motiviert? Was könntest du jetzt tun, um deine Motivation zu steigern?" Sie werden in den meisten Fällen direkt sehen, wie die grauen Zellen des anderen anfangen zu arbeiten.

„Behandle die Menschen so, als wären sie, was sie sein sollten, und du hilfst ihnen zu werden, was sie sein können."

(Johann Wolfgang von Goethe)

Nein!

Können Sie das: „Nein“ sagen, wenn Sie „nein“ sagen wollen? Manchmal ist es einfach wichtig, ‚nein‘ zu sagen, wenn wir unsere eigenen Bedürfnisse und Interessen berücksichtigen wollen.

Es fällt manchen Menschen sehr schwer, auch mal „nein“ zu sagen. Geht es Ihnen auch manchmal so? Und hinterher ärgern Sie sich vielleicht sogar darüber, weil es Ihre Planung über den Haufen wirft, oder weil Sie einfach gar keine Lust dazu haben, oder vielleicht sogar, weil Sie sich ausgenutzt fühlen. Manchmal schwören wir uns, dass es das letzte Mal war und dann … na ja, wir sind eben so, wir können nicht anders … oder vielleicht doch?

Was treibt uns dazu „ja“ zu sagen, obwohl wir eigentlich „nein“ sagen wollen? Im Grunde geht es um die Frage, welchen Preis wir bereit sind zu zahlen. Wenn ich „nein“ sage, zahle ich den Preis, die Erwartungen eines Menschen zu enttäuschen. Ich zahle den Preis, dass es eventuell einen Konflikt gibt. Oder ich zahle den Preis, dass ich von diesem Menschen keine Anerkennung bekomme, wenn ich seinem Wunsch oder seiner Bitte nicht nachkomme. Gerade Anerkennung bekommen wir so gerne. Doch können wir uns diese Anerkennung auch selbst geben.

Im Grunde sind das schon viele Gründe, warum man sich gerne ein wenig aufopfert und „ja“ sagt, obwohl man ja eigentlich lieber „nein“ sagen möchte. Solange wir in Balance bleiben, zufrieden mit uns und dem Leben sind, ist das auch in Ordnung. Kritisch wird es, wenn wir uns plötzlich ausgelaugt oder gar ausgenutzt fühlen, weil wir unsere eigenen Bedürfnisse ständig hintenan stellen. Unser Energiehaushalt ist aus dem Gleichgewicht geraten, wir ärgern uns über uns selbst. Wir fühlen uns vielleicht sogar überfordert. Dann ist es höchste Zeit, unser Verhalten zu überdenken und zu ändern.

Hier drei Tipps, wie Sie „nein“ sagen können, ohne zu verletzen:

1. Begründen Sie das „Nein“. Beispielsweise: „Ich kann das heute nicht erledigen. Ich habe einen anderen wichtigen Termin. Morgen mache ich das gerne fertig.“

2. Das bedingte „ja“ - Sie stimmen zu und nennen dabei eine Bedingung: „Das kann ich machen, wenn du dafür die Kinder abholst.“

3. Sie stimmen einigen Teilen zu, andere Teile lehnen Sie mit Begründung ab: „Okay, ich schreibe den Bericht. Den Termin mit Herrn Meier kann ich dann nicht übernehmen."

Sie haben immer die Wahl zwischen „ja" und „nein". Handeln Sie so, dass es sich für Sie gut anfühlt. Achten Sie auf Ihre eigenen Bedürfnisse.

„Die Fähigkeit, das Wort Nein auszusprechen, ist der erste Schritt zur Freiheit."

(Nicolas Chamfort)

Wie wäre es mit einem „Verzichtstag"?

Die meisten von uns leben in relativ guten Verhältnissen. Das Dach über dem Kopf, das Auto und der jährliche Urlaub ist für viele eine Selbstverständlichkeit. Und doch wird häufig gejammert. Das ist dann ein Jammern auf „hohem Niveau". Niemals ist es genug, wir wollen immer mehr. Dazu trägt auch die omnipräsente Werbung bei, die täglich auf uns einprasselt und uns „Will-haben-Botschaften" eintrichtert. Dabei verlernen wir manchmal das zu schätzen, was wir haben.

Doch trifft das nicht nur auf die materiellen Dinge zu. Vor allem auch die wertvollen Beziehungen in unserem Umfeld, also Menschen, die uns gut tun, bringen wir häufig zu wenig Wertschätzung entgegen.

Wie können wir jetzt wieder intensiver genießen und dankbarer für das Erreichte sein? – Legen Sie mal einen „Verzichtstag" ein! Sie verzichten ganz bewusst auf etwas eigentlich Selbstverständliches, was Ihnen zur Gewohnheit geworden ist: Fernsehen, Computer, Süßigkeiten, Kaffee…

Ein gelegentlicher Verzicht kann das Genusserlebnis auch enorm steigern. Wenn ich beispielsweise täglich meine Leibspeise kredenzt bekäme, würde sie mir schnell zum Halse raushängen. Darf ich sie allerdings nach längerer Zeit wieder genießen, wird das Genusserlebnis umso intensiver ausfallen.

Interessant ist auch, dass wir durch dieses bewusste Verzichten etwas Neues oder Verlorengegangenes (wieder) entdecken und schätzen lernen. So kann der Verzicht aufs Fernsehen dazu bewegen, wieder mal in einem Buch zu schmökern, mit dem Partner ein langes Gespräch zu führen oder einfach mit den Kindern Zeit zu verbringen.

Wie auch immer - so ein „Verzichtstag" birgt die Chance auf etwas Neues. Oft ruft er auch in Erinnerung, was wir eigentlich alles haben, was wir regelmäßig genießen oder auch, wie wichtig uns der andere Mensch ist, dessen Anwesenheit wir als Selbstverständlichkeit ansehen. Letztendlich steigern wir unsere eigene Zufriedenheit und Dankbarkeit für das, was ist. Wir leben wieder bewusster und mit einem größeren Genuss.

„Am reichsten sind die Menschen,
die auf das meiste verzichten können."

(Rabindranath Tagore)

Glücklich und dankbar

Heute lade ich Sie dazu ein, Dankbarkeit zu empfinden für all die kleinen und großen Dinge, die wir oft als selbstverständlich empfinden. Vielleicht haben Sie ja schon einmal von dem Dankbarkeitstagebuch gehört. Es ist eine ganz wundervolle und wirkungsvolle Mentalübung, die Ihr Glücksgefühl steigert, weil Sie Dankbarkeit empfinden.

Notieren Sie dazu, wenn Sie mögen, in einem dafür vorgesehenen Tagebuch jeden Abend fünf Dinge, für die Sie an diesem Tag dankbar sind. Vielleicht sind Sie dankbar, dass Sie in einem warmen Bett schlafen können und ein Dach über dem Kopf haben. Vielleicht sind Sie dankbar, dass Ihnen ein Kollege heute unter die Arme gegriffen hat. Oder Sie sind dankbar, weil Ihr Mann sich heute um die Hausaufgaben der Kinder gekümmert hat, oder, weil Ihre Partnerin etwas Leckeres zum Essen gekocht hat. Vielleicht sind Sie auch dankbar, überhaupt genügend zum Essen zu haben.

Wir können auch dankbar sein, Freunde zu haben, oder einfach dafür, dass Sie die Bahn gerade noch erwischt haben. Möglicherweise sind Sie dankbar, dass Ihre Kinder gesund sind, und dass Sie selbst einen gesunden Körper zu haben, sodass Sie Sport treiben können.

Es gibt jeden Tag so viele große und kleine Dinge, für die wir von Herzen dankbar sein können. Wenn wir uns immer wieder daran erinnern, wenn wir uns vor Augen halten, dass nichts von alldem selbstverständlich ist, dann fühlen wir das Glück in uns, das mit dieser Dankbarkeit verbunden ist.

„Nicht die Glücklichen sind dankbar,
es sind die Dankbaren,die glücklich sind.“

(Francis Bacon)

Steigern Sie Ihre Ausstrahlung

Mutter Teresa hat es. Nicht minder ausgeprägt ist es bei Angelina Jolie oder Barack Obama. Sie haben Ausstrahlung oder Charisma. Unterschiedlichste Persönlichkeitstypen, die Wirkung erzeugen – jeder auf seine Art und Weise. Sie handeln außergewöhnlich, denken regelfremd, sind unabhängig von Meinungen anderer, verkünden neue Appelle, ja sogar Gebote. Sie zeigen Emotionen, lassen sich auf andere ein und schaffen es, Menschen anzuziehen und zu gewinnen. Mutter Teresa erweckt ihre Ausstrahlung durch ihre Barmherzigkeit, Angelina Jolie durch ihren Ehrgeiz, Barack Obama durch seine Dynamik. Wie kommen auch wir zu diesem Charisma?

Das Wort Charisma kommt aus dem Griechischen und bedeutet „Gnadengabe". Heute verbinden wir den Begriff mit Offenheit und Preisgeben von Emotionen. Charismatische Menschen sind sich ihrer selbstbewusst und haben eine gute Portion an Selbsterfahrung. Sie lieben den Umgang mit anderen Menschen, sind offen, motiviert, leidenschaftlich und verfügen über ein gutes Einfühlungsvermögen.

Es ist eine der schwierigsten Aufgaben, ein „objektives“ Bild über sich selbst zu finden. Ein wesentlicher Punkt dabei ist, egal was Sie tun, tun Sie es mit Spaß und Begeisterung. Dann haben Sie schon etwas Wesentliches mit den oben genannten Personen gemeinsam: Denn auch sie erzeugen Präsenz durch Begeisterung. Begeisterung erzeugt Leidenschaft und diese erzeugt Wirkung.

Viele eifern Prominenten oder Vorbildern nach, übernehmen Verhaltensweisen oder Stilrichtungen, ja sogar Einstellungen. Doch an ihnen wirkt es nicht. Ihre Präsenz verpufft wie eine Seifenblase in der Luft. Ausstrahlung kann man weder wie ein neues Kostüm erwerben noch erlernt man es wie eine Schauspielerrolle. Sie kommt von innen heraus und muss sich selbst entfalten.

Unsere Erfahrungen und das Gelernte aus den Erfahrungen formen mitunter unsere Individualität. Sie lassen uns wirken! Verabschieden Sie sich von dem Gedanken, dass Sie jedem gefallen müssen. Sie können nicht „everybody‘s darling“ sein – dann wären Sie auf dem sicheren Weg in die Harmoniefalle.

Jeder Mensch sendet durch seine Körpersprache – wie er geht, wie er spricht, wie er sich bewegt, wie er sich kleidet, wie er schaut – Signale aus, die von den Mitmenschen empfangen werden. Haben Sie die Ausstrahlung eines selbstsicheren Menschen oder eher die eines unsicheren Menschen, der sich vieles gefallen lässt? Mit einer charismatisch-selbstbewussten Ausstrahlung begegnet man Ihnen mit Respekt und Wertschätzung. Der andere spürt intuitiv Ihre Botschaft: „Mit mir kannst du nicht machen, was du willst."

Ganz wichtig: Zwängen Sie sich nicht in ein Kostüm, das nicht passt, sondern erkennen Sie Ihren eigenen Stil. Es gibt kein Kostüm, das allen gefällt. Leben Sie nicht für die anderen, sondern für sich. Sie können sich nicht ein Leben lang verstellen. Diese Entscheidung bringt natürlich Konsequenzen mit sich. Doch ein Mensch mit Ecken und Kanten kann mehr bewegen, als ein beliebig austauschbarer 0815-Typ.

„Ein jeder trägt eine produktive Einzigkeit in sich als den Kern seines Wesens und wenn er sich dieser Einzigkeit bewusst wird, erscheint um ihn ein fremdartiger Glanz, der des Ungewöhnlichen."

(Friedrich Nietzsche)

Spaziergang in der Zukunft

Haben Sie sich schon einmal darüber Gedanken gemacht, worüber Sie sich in Ihrer Zukunft freuen? Denken Sie an schöne Ereignisse, die Sie in den nächsten Tagen, Wochen und Monaten erwarten. Familienfeiern, Urlaub, schöne Ausflüge, Treffen mit Freunden, besondere Fortbildungen, persönliche Weiterentwicklung – welche kleinen oder großen Träume möchten Sie wahr werden lassen, welche Projekte endlich mal anpacken und nicht mehr aufschieben?

Natürlich wird es auch einige private und berufliche Herausforderungen für Sie geben, an denen Sie wachsen können. Wie wäre es wohl, wenn Sie sich auf diese Herausforderungen auch freuen könnten? Machen Sie sich ein möglichst konkretes Bild, wie Sie mit diesen Herausforderungen umgehen. Wie verhalten Sie sich dabei? Was verändert sich alles, wenn Sie diesen Dingen offen begegnen und positiv abschließen? Welche Folgen hat das für Ihre Zukunft? Stellt sich vielleicht ein ganz besonderes Glücksgefühl ein, wenn Sie voller Mut und Selbstvertrauen sich dieser Herausforderung gestellt haben?

Vielleicht möchten Sie auch mit den Menschen in Ihrem Umfeld über genau diese vor Ihnen liegenden Ereignisse sprechen - insbesondere mit den Menschen, mit denen Sie diese Zeit auch verbringen werden.

Was ist Ihnen in den nächsten Monaten wirklich wichtig? Was haben Sie in der Vergangenheit vielleicht ein bisschen vernachlässigt, was Sie in der Zukunft wieder mehr in den Vordergrund rücken möchten? Was hätten Sie davon, wenn Sie das täten?

Träumen Sie einmal ganz intensiv von Ihrer Zukunft und halten Sie sich ganz bewusst vor Augen, was Ihnen wirklich wichtig ist und worauf Sie sich in naher und weiter Zukunft ganz besonders freuen.

„Mehr als die Vergangenheit interessiert mich die Zukunft, denn in ihr gedenke ich zu leben.“

(Albert Einstein)

Ein bewegtes Leben

Heute lade ich Sie dazu ein, Ihren Körper bewusst mehr zu bewegen als bisher. Damit möchte ich nicht mit erhobenen Zeigefinger sagen, dass wir mehr Sport treiben sollen – das wissen wir alle schon, das ist nichts Neues, dass die meisten zu wenig Sport treiben, sich zu wenig bewegen, obwohl sie wissen, wie gesund und wichtig Sport ist.

Probieren Sie einfach mal kreativ und spielerisch aus, welche kleinen und gar nicht so anstrengende Bewegungen Sie im Alltag so machen können – nach dem Motto, Bewegung, wann immer und wo immer es geht. Damit meine ich jetzt nicht nur, dass Sie konsequent die Treppe anstatt des Fahrstuhls nehmen, das könnte für Sie sogar selbstverständlich werden. Es gibt noch viele andere Möglichkeiten, kleinere Bewegungseinheiten in unseren Alltag mit einzubauen.

Werden Sie also kreativ – und bewegen Sie sich, wann und wo immer es gerade geht. Hier einige Beispiele: Wenn Sie morgens aufwachen, dann räkeln Sie ganz bewusst und intensiv Ihre noch müden Glieder. Sie können sich hierbei sogar auch von Katzen und Hunden inspirieren lassen, die sich sehr gut räkeln können.

Wenn Sie dann auf den Füßen stehen, dann recken und strecken Sie sich zur Decke hoch. Strecken Sie Ihre Arme, ge-

hen Sie auf die Zehenspitzen, machen Sie sich so lang wie möglich, als wenn Sie nach einem leckeren Apfel am Baum greifen wollten. Beim Zähneputzen stehen wir normalerweise drei Minuten einfach nur rum. Nutzen Sie die Zeit und trainieren Sie Ihr Gleichgewicht, indem Sie eineinhalb Minuten nur auf einem Bein stehen oder auf den Zehen wippen. Das trainiert Ihre Wadenmuskulatur.
Trainieren Sie Ihre Halsmuskulatur. Die Halsmuskeln müssen den ganzen Tag den rund fünf Kilo schweren Kopf tragen. Kein Wunder, dass sich diese Muskeln so leicht verspannen. Sie können Ihre Halsmuskeln ganz leicht trainieren, indem Sie beim Haare waschen unter der Dusche nicht mit den Händen Ihre Kopfhaut massieren, sondern indem Sie die Hände still am Kopf halten und dafür den Kopf unter Ihren Händen bewegen. Klingt zwar sehr ungewöhnlich und lustig, ist jedoch sehr effektiv.
Wenn Sie im Auto sitzen und an einer roten Ampel stehen oder schon eine Weile am Schreibtisch sitzen, dann kreisen Sie mit Ihren Schultern zuerst nach vorne und dann zurück.

Probieren Sie diese Übungen aus – schon innerhalb kürzester Zeit werden Sie die positiven Veränderungen in Ihrem Körper wahrnehmen.

„Ein bewegter Geist wohnt gerne in einem bewegten Körper."

(Quelle unbekannt)

Ich wünsche mir...

Häufig wünschen wir uns etwas von anderen Menschen. Manchmal tun wir unsere Wünsche offen kund. Und manchmal hegen wir sie ganz still für uns allein, in der Hoffnung, der andere würde schon wissen oder bemerken, worauf es uns ankommt, was uns wichtig ist.

Wenn diese Wünsche nicht erfüllt werden, sind wir manchmal von den anderen enttäuscht. Wir halten dann die anderen sogar für unaufmerksam und meinen, sie würden sich nicht richtig für uns und unsere Bedürfnisse interessieren.

Wünsche offen anzusprechen, fällt uns nicht immer leicht. Vielleicht, weil wir es lieber hätten, dass unsere Mitmenschen von selbst darauf kommen. Vielleicht, weil wir es irgendwie unangenehm oder schwierig finden. Vielleicht, weil wir nicht genau wissen, wie wir es sagen können, ohne den anderen möglicherweise unter Druck zu setzen.

Wir machen uns häufig viele Gedanken darüber, was der andere über uns denken könnte, anstatt es einfach dem anderen zu überlassen, das zu denken, was er eben denkt.

Formulieren Sie einmal ganz bewusst, was Sie sich von Ihren Mitmenschen wünschen. Am besten verknüpfen Sie Ihren Wunsch mit einem Wert, der Ihnen wichtig ist, oder mit einer Begründung, die verdeutlicht, warum Sie sich das wünschen. Hier einige Beispiele: „Ich finde es schön, wenn ich den Tag mit einem Gespräch mit dir beginnen kann, daher wünsche ich mir, dass du beim Frühstück keine Zeitung liest." Oder: „Es macht mich nervös, wenn du beim Fernsehen immer herumzappst. Ich wünsche mir, dass wir uns auf ein Programm einigen und dieses festlegen." Oder: „Für mich ist Pünktlichkeit ein Zeichen von Wertschätzung dem anderen gegenüber. Deshalb wünsche ich mir, dass du pünktlich bist, wenn wir einen Termin haben."
Der andere kann dann entscheiden, ob er Ihren Wunsch erfüllt oder nicht. Vielleicht rückt er sogar mit einem eigenen Wunsch heraus, den er noch hat. Dann können Sie gemeinsam einen Weg finden, wie beide Wünsche möglichst weitgehend erfüllt werden.

Es tut sehr gut, mit Menschen offen über seine Wünsche zu sprechen. So verhindern Sie, dass heimliche Erwartungen immer wieder enttäuscht werden und sich immer mehr Unzufriedenheit breit macht.

„Erfolg ist, zu erreichen, was man sich wünscht.
Glück ist, sich zu wünschen, was man erreicht."

(aus Indien)

Wichtige Freunde

Kennen Sie das Gefühl, dass Sie manchmal im Alltag oder im Berufstrubel Ihre Freunde etwas vernachlässigen? Hinterlässt das bei Ihnen auch ein eher unangenehmes Gefühl?

Natürlich gibt es Freunde und *Freunde*. Es gibt Freunde, die rufen nur an, wenn Sie Ihren Rat oder Ihre Hilfe brauchen. Sie fragen sich zuweilen, ob diese Freunde das auch für Sie tun würden. Es gibt Freunde, bei denen schätzen Sie eine gute Balance zwischen dem Geben und Nehmen. Es gibt Freunde, zu denen haben Sie oft Kontakt, dennoch ist der Kontakt vielleicht eher oberflächlich. Andere sprechen Sie zwar nur selten, aber das sind dann sehr wertvolle und bereichernde Unterhaltungen. Diese Liste lässt sich unendlich weiterführen.

Welche Freunde sind Ihnen besonders wichtig? Was zeichnet diese Freundschaft aus? Was schätzen Sie an dieser Person ganz besonders? Und weiß diese Freundin oder dieser Freund, was Sie an ihr so sehr schätzen?

Vielleicht gibt es ja mal eine Gelegenheit, ihm oder ihr das einfach zu sagen. Vielleicht unternehmen Sie mit dieser Person einmal etwas besonders Schönes und würdigen ihre Freundschaft.

Können Sie sich vorstellen, welch positives Gefühl sich bei diesem geschätzten Freund einstellt, wenn Sie Ihre Freude über die Freundschaft Ausdruck verleihen? Jeder Mensch freut sich über solche anerkennenden Worte des Lobes – doch hier ist es nicht nur alleine das Lob, es ist die Bereitschaft, dem anderen zu sagen, wie wichtig für uns diese Freundschaft ist.

Leider erkennen wir oft erst, wenn es zu spät ist, wie wertvoll der ein oder andere Freund für uns gewesen ist. Vielleicht bereuen wir es sogar, die so wichtigen Worte nicht zu früherer Zeit gesagt zu haben.

Daher mein Tipp: Sagen Sie diesen wichtigen Menschen in Ihrem Leben, was Sie an Ihnen schätzen und lieben!

„Die Freundschaften, die für alle Teile Vorteile bringen, sind von langer Dauer."

(Nicolaus Machiavelli)

Mit dem Partner auf Wolke 7

Wie wäre es wohl, wenn Sie Ihren Partner heute kennen lernen würden? Stellen Sie sich vor, Sie würden ihn heute das erste Mal sehen. Wen würden Sie dort sehen? Wie wäre dieser Mensch? Wie würde er auf Sie wirken?

Suchen Sie sich einmal ganz bewusst einen Moment, indem Sie Ihren Partner mit neuen, quasi mit fremden Augen betrachten. Tun Sie so, als sähen Sie diesen Menschen, der Ihnen da gegenüber sitzt, das erste Mal. Es sollte natürlich ein vorteilhafter Moment sein, also vielleicht nicht gerade nach dem Aufwachen, wenn das Gesicht noch ganz zerknautscht ist. Dann schauen Sie Ihren Partner genau an und suchen nach allen liebenswerten Kleinigkeiten. Was gefällt Ihnen an dieser Person, die Sie gerade wie eine fremde Person betrachten?

Dieses kleine Spiel macht natürlich noch viel mehr Spaß, wenn Sie dieses kleine Experiment gemeinsam versuchen. Sie vereinbaren dann nur, dass Sie irgendwann in den nächsten Tagen, der Moment ist jedoch völlig unbestimmt, den anderen mit diesem Blick betrachten, als würden Sie sich gerade kennen lernen. Und wenn Sie dann Ihren Partner mit diesen neuen Augen betrachtet haben, dann teilen Sie ihm mit, was Sie alles Schönes entdeckt haben. So, wie damals eben.

Wenn Sie mögen, können Sie noch viel mehr machen: Denken Sie sich etwas aus, womit Sie den anderen überraschen können. Das muss nicht gleich das Candle Light Dinner im 5-Sterne-Restaurant sein. Es reicht eine kleine Geste, ein lieber Gedanke, etwas, was Sie früher mal gemacht haben, aber schon sehr lange nicht mehr. Vielleicht ein Lippenstiftherz auf dem Spiegel, ein Latte Macchiato mit Milchschaumherz ans Bett bringen, eine Sonnenblume beim Frühstück oder eine Postkarte von der Geschäftsreise.

Tun Sie einmal ganz bewusst genau die Dinge, die Sie früher getan haben, um Ihren geliebten Menschen zu erfreuen. Oder lassen Sie sich sogar auch etwas Neues einfallen. Warum sollten wir das tun? Ganz einfach: Es ist wundervoll, einen lieben Menschen an seiner Seite zu haben und es ist beglückend, diesem Menschen eine Freude zu machen, ihn zum Lachen oder zum Lächeln zu bringen.

Dieser wundervolle Mensch an unserer Seite ist eben nicht selbstverständlich, auch wenn es manchmal so scheint. Nein, es ist nicht so klar und selbstverständlich.

An einem langen Wochenende oder im Urlaub können Sie auch folgende schöne Übung machen: Einen Tag lang darf sich Ihr Partner *alles* wünschen, das heißt, es ist *sein* Tag. Das Frühstück ans Bett, eine Massage, einen Spaziergang oder ein Gespräch, die Stunde Ruhe – egal, was sich der Partner wünscht, alles darf der andere erfüllen. Am nächsten Tag ist dann der andere dran und darf sich alles wünschen. Am dritten Tag wünschen Sie sich dann beide abwechselnd etwas. Sie dürfen gespannt sein, was Sie während dieser drei Tage erleben werden.

„Lasst die Winde des Himmels zwischen euch tanzen."

(Khalil Gibran)

Motivieren Sie sich selbst

Unsere Motivation hängt nicht davon ab, wie uns das Leben spielt, sondern wie wir das Spiel des Lebens spielen und das Leben betrachten. Ein Perspektivenwechsel, ein bewusst gewählter neuer Fokus auf die Situation ist ein Kick für unsere Motivation.

Sie empfinden beispielsweise eine bestimmte Arbeit als langweilig und denken sich: „Jetzt muss ich das schon wieder machen, das ödet mich alles an!" – Kennen Sie so etwas? Wenn Sie nun immer nur an die Langeweile denken, die Langeweile im Fokus haben und sich immer wieder innerlich sagen, wie Sie die Arbeit hassen, ist das weder für Ihre Stimmung noch für Ihre Motivation hilfreich.

Fünf Lösungswege zu einem neuen Fokus und damit zu einer neuen Motivation:

• Lenken Sie Ihren Fokus auf den Fortschritt der Arbeit – und sei er noch so klein – und machen Sie diesen sichtbar. Beispielsweise durch das Abhaken oder Durchstreichen von Punkten auf Ihrer To-do-Liste. Oder Sie schauen sich beim Aufräumen des Kellers an, was Sie bereits geschafft haben. Machen Sie sichtbar, was Sie erreicht haben.

• Betrachten Sie Ihre Arbeit als eine Trainingschance, bei der Sie Ihre Geduld, Ihr Durchhaltevermögen, Ihre Disziplin, Ihre Willenskraft trainieren können. Das sind schließlich alles Fähigkeiten, die im Leben durchaus nützlich und wichtig sind.

• Lenken Sie Ihren Fokus mal auf die netten Kollegen oder Mitmenschen um Sie herum.

• Denken Sie an das Geld, das Sie mit dieser Arbeit verdienen und was dieses Geld Ihnen alles ermöglicht. Beim Keller aufräumen denken Sie an das Endergebnis und die Vorteile, die sich durch den sauberen, aufgeräumten Keller ergeben.

• Überlegen Sie sich drei Tätigkeiten, die noch langweiliger sind. Dann sind Sie vielleicht schon ein bisschen froh, dass Sie das machen können, was Sie gerade machen.

Wählen Sie also eine neue Perspektive, einen anderen Fokus, um Ihre Motivation zu verbessern.

„Wer sich nicht selbst helfen will,
dem kann niemand helfen."

(Johann Heinrich Pestalozzi)

Wer ist mir wichtig und tut mir gut?

Ich lade Sie dazu ein, Ihren Bekanntenkreis auszumisten! Sie meinen, das klingt nicht nett? Das mag sein, doch das ist für Sie sehr befreiend. Sie schaffen Platz in Ihrem Leben für neue Menschen und gewinnen Zeit für die Menschen, die Ihnen wirklich wichtig sind.

Deshalb prüfen Sie einmal, mit wem Sie wirklich weiterhin gerne Kontakt haben wollen und auf wen Sie in Zukunft eher verzichten wollen, weil die Person Ihnen Energie raubt oder Sie gar runterzieht. Nicht alle Freunde und Bekannte tun uns gut. Im Gegenteil: Manche beeinflussen durch ihr Verhalten und die negative Einstellung, die sie stets verbreiten, unser Wohlbefinden entsprechend negativ. Diese „Negativ-Denker“, die nach dem Motto leben: „Es ist ja alles so furchtbar und die Welt geht bald unter“, reden ständig von Problemen und Katastrophen. Und ganz egal, was Sie sagen, und sei es noch so positiv – stets fällt diesen Menschen als Erstes wieder ein, warum das schlecht sei oder warum das nicht gehe.

Kennen Sie solche „Negativ-Denker“? Dann lassen Sie sich von ihnen nicht mehr Ihre Energie und Lebensfreude rauben. Wenden Sie sich mehr den Möglichkeitsdenkern zu. Diese verlieren auch in schwierigen Situationen niemals ihre Zuversicht, denn sie sind überzeugt, dass es für fast alles immer eine Lösung gibt. Mit dem Unabänderlichen arrangieren sich solche Menschen und akzeptieren diese Situation.

Diese Menschen motivieren und inspirieren Sie, sie geben Ihnen Kraft und Lebensfreude. Machen Sie am besten schriftlich eine Inventur. Notieren Sie auf einem Zettel alle Menschen, mit denen Sie viel Kontakt haben. Dann bewerten Sie, wie sehr Sie der Kontakt zu diesen Menschen aufbaut, Ihnen Energie gibt oder Energie nimmt, Sie eher frustriert. Sie könnten dazu ein Doppel-Smiley oder ein einfaches Smiley hinter den Namen malen, der Ihr Wohlbefinden positiv beeinflusst, und ein Negativ-Smiley hinter die Energieräuber und hinter die Namen, die Sie regelmäßig nerven.

Vielleicht mögen Sie auch einen neutralen Smiley einsetzen für die Menschen, bei denen sich die positiven und die negativen Impulse die Balance halten.

Dann überlegen Sie anschließend bei den Personen, hinter denen der Negativ-Smiley steht, inwieweit Sie den Kontakt reduzieren oder gar beenden möchten. Verbringen Sie mehr Zeit mit den Menschen, die die positiven Smileys haben. Vielleicht denken Sie jetzt: Das ist leichter gesagt als getan – zu manchen Menschen kann ich den Kontakt nicht einfach beenden. Dann führen Sie ein klärendes Gespräch mit dieser Person. Sagen Sie, was Sie stört. Vermeiden Sie dabei Angriffe nach dem Motto: „Du verdirbst mir immer den Tag", oder „Du bist immer so negativ". Dann startet die andere Person nämlich direkt den Gegenangriff und dieser Kampf führt zu nichts. Besser formulieren Sie Ich-Botschaften: „Mich ärgert, dass...", „Mich belastet, dass...", „Ich wünsche mir, dass...".

„Ein Optimist sieht die Gelegenheit in jeder Schwierigkeit. Ein Pessimist sieht eine Schwierigkeit in jeder Gelegenheit."

(Winston Churchill)

Was will ich wirklich?

Setzen Sie Ihre eigenen Bedürfnisse und Interessen an die erste Stelle – schenken Sie ihnen besonders viel Aufmerksamkeit. Warum ist das wichtig? Viele Menschen unterdrücken ständig ihre eigenen Bedürfnisse und werden schließlich müde, kraftlos, unglücklich oder sogar krank. Diese Menschen denken, dass es richtig ist, den Bedürfnissen anderer immer Priorität einzuräumen, doch letztlich kostet das Unterdrücken der eigenen Bedürfnisse immer mehr Kraft, und sie können dann den anderen Menschen nicht mehr wirklich viel geben.

Natürlich gibt es auch Zeiten, in denen man sich bewusst dafür entscheidet, die eigenen Bedürfnisse für eine gewisse Zeit zurückzustellen, beispielsweise steht für Eltern das Wohlergehen des Kindes an allererster Stelle, und dennoch ist es auch dann wichtig, Raum für die eigenen Interessen zu schaffen. Kein Kind möchte später von den Eltern zu hören bekommen, auf was die Eltern alles für das Kind verzichtet haben.

Ab einem bestimmten Alter ist es in der Regel so, dass wir auf uns selbst achten müssen, weil niemand anderes das für uns macht. Schließlich sind wir dann erwachsen. Und wenn Sie gesund und glücklich sind, können Sie sich auch kraftvoller und aufmerksamer für die Menschen einsetzen, die Sie lieben.

Achten Sie also einmal ganz besonders auf Ihre eigenen Bedürfnisse und Interessen. Wenn Ihnen jetzt so ein Gedanke kommt wie „das ist aber ganz schön egoistisch", dann machen Sie sich den Unterschied zwischen Eigeninteresse sehr deutlich. Eigeninteresse meint die Verantwortung dafür, sich um sich selbst zu kümmern, weil man weiß, dass man es wert ist. Wenn Sie Eigeninteresse praktizieren, können Sie Ihre eigenen Bedürfnisse erfüllen und aufrichtiges Interesse am Wohlergehen anderer Menschen zeigen. Außerdem können Sie bewusst entscheiden, wann Sie bewusst die Bedürfnisse anderer priorisieren, weil diese in der Situation wichtiger sind als Ihre. Egoistische Menschen denken nur an ihre eigenen Wünsche und Bedürfnisse und vergessen dabei die Bedürfnisse anderer Menschen vollkommen – und teilweise schaden sie ihnen sogar. Beim Egoismus geht es nur darum zu bekommen, was man will, und genau dann, wann man es will, ohne einen Gedanken an andere zu verschwenden. Das hat nichts mit Eigeninteresse zu tun. Lernen Sie also, auf Ihre eigene Stimme zu hören und sorgen Sie gut für sich. Dazu gehört natürlich auch, manchmal „nein" zu sagen.

„Hast du dich selber auf die rechte Art lieb,
so hast du alle Menschen lieb, wie dich selbst."

(Meister Eckhart)

Ich muss mal...

Heute lade ich Sie dazu ein, darauf zu achten, was Sie und andere Menschen so alles „müssen". Hören Sie sich selbst und den anderen mal genau zu. „Ich muss noch einen Kunden anrufen", „Ich muss früh aufstehen", „Ich muss erst frühstücken", „Ich muss einkaufen gehen", „Ich muss meine Mails checken". Manch einer „muss" sogar einer Einladung zum Essen nachkommen oder „muss" noch dieses Jahr Urlaub nehmen.

„Müssen" ist ein wirklich sehr beliebtes Wort. Natürlich gibt es einige Tätigkeiten, die wirklich wichtig sind. Aber ist es sinnvoll, alle Tätigkeiten als ein „Muss" darzustellen und demnach auch als ein Muss zu erleben? Menschen, die ihre Vorhaben ständig als etwas bezeichnen, was sie tun müssen, empfinden ihre Handlungen als Pflicht, als die Erfüllung von Anforderungen. Ihr Leben erscheint somit fremdbestimmt und bietet anscheinend wenige Wahlmöglichkeiten.

Was wäre, wenn wir nicht das tun, von dem wir glauben, dass wir es tun „müssen"? Was wäre, wenn Sie sagen, dass

Sie Ihre Mails checken müssen und Sie sie nicht einfach checken? Was wäre dann? – Und wie wäre es, wenn wir das „müssen“ ersetzen durch ein „können“, „dürfen“ oder „wollen“?

Rein sachlich betrachtet ändert sich nichts, denn unsere Handlung bleibt dieselbe. Die Wirkung ist jedoch eine ganz andere. Unsere Worte beeinflussen ja nicht nur unsere Gedanken und unsere Sicht der Dinge. Unsere Worte erzeugen auch Gefühle. Hören Sie sich einfach mal den Unterschied an. Fühlen Sie mal den Unterschied. „Ich muss meine Mails noch checken“ versus „Ich möchte meine Mails noch checken.“ Fühlen Sie den Unterschied? Dieser scheinbar winzige Austausch eines Wortes eröffnet psychologisch eine Welt der Wahlmöglichkeiten, eine eigene Entscheidung, die ich treffen kann.

Wer also ein „muss“ durch ein „ich will, darf, möchte“ ersetzt, verwandelt diesen inneren Druck in ein inneres Bedürfnis etwas zu tun. Probieren Sie es aus: Ersetzen Sie bewusst eine Woche jedes „Ich muss“ durch ein „Ich darf“ oder „Ich will“.

Zugegebenermaßen: Es ist sehr ungewohnt, doch lassen Sie sich einfach darauf ein. „Ich will heute morgen früh aufstehen, dann kann ich noch frühstücken und darf zur Arbeit fahren.“ – Na, wie ist das? Meinen Sie jetzt, ich übertreibe maßlos? Arbeiten dürfen? Das geht ja nun wirklich zu weit? Sie meinen, Sie müssen arbeiten? Was wäre, wenn Sie *nicht* arbeiten gehen würden? Überlegen Sie mal: Müssen Sie wirklich arbeiten? Ist das wirklich wahr? Es gibt genügend Menschen, die nicht arbeiten dürfen oder können, obwohl sie gerne wollen.

Wenn Sie dieses Experiment tatsächlich eine Woche durchführen, werden Sie über den Effekt staunen. Es wirkt sich garantiert auf Ihre Stimmung, auf Ihr Erleben und damit auch auf Ihre Motivation aus. Es fällt Ihnen bestimmt auch auf, wie viele Menschen sich das Leben mit unzähligen „müssen" erschweren.

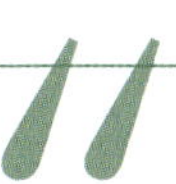

„Kein Mensch muss müssen."

(Nathan der Weise, Gotthold Ephraim Lessing)

Schüren Sie das Feuer der Leidenschaft

Jeder Mensch und auch jedes Paar hat so seine Gewohnheiten. Solche Paar-Routinen sind einerseits sehr nützlich, weil sie die Partnerschaft stützen, ihr Sicherheit geben oder auch einen reibungslosen und effektiven Ablauf alltäglicher Aufgaben ermöglichen. Andererseits können Routinen eine Partnerschaft auch langweilig machen. Das Feuer der Leidenschaft und Begeisterung wird dann irgendwann zu einem Sparflämmchen.

Wie können Sie das verhindern, wie können Sie das Feuer der Leidenschaft weiter schüren?

1. Schluss mit Selbstverständlichkeiten: Die meisten Paare haben eine feste Arbeitsteilung im Haushalt. Das ist an sich praktisch, führt aber häufig dazu, dass die Erledigung der jeweiligen Aufgabe vom anderen als selbstverständlich erachtet wird und dann nicht mehr gewürdigt wird. Beispielsweise macht *er* jeden Morgen das Frühstück. Dann wäre doch mal ein Kuss und ein Danke von *ihr* vor dem Biss ins Brötchen angemessen. Danken Sie also Ihrem Partner und

Ihrer Partnerin für das, was er oder sie routinemäßig erledigt. Sollten Sie jetzt denken: „Nun ja, das ist ja nichts Besonderes, das ist ja schnell gemacht", dann gewinnen Sie die nötige Wertschätzung für das, was der andere macht, indem Sie mal ein paar Aufgaben tauschen.

2. Sprechstunde: Intensive Gespräche zwischen Paaren werden mit der Zeit manchmal seltener. Immer wieder stört das Telefon, der Fernseher oder die Kinder haben noch irgendwelche Extrawünsche. Einigen Sie sich auf zumindest einen ungestörten Abend pro Woche – ohne Telefon und ohne Fernseher. Auch den Kindern wird klar kommuniziert, dass Sie nur bis 20:00 Uhr zur Verfügung stehen. Richten Sie es sich dann zu Hause so richtig schön gemütlich her oder gehen Sie in Ihr Lieblingsrestaurant und sprechen Sie ungestört miteinander.

3. Lernen Sie sich neu kennen: Gespräche und Treffen mit Freunden haben auch schnell ihre Routine. Oft sprechen die Männer mit den Männern, die Frauen mit den Frauen, vielfach auch über die gleichen oder über ähnliche Themen. Mit den Meiers unterhält man sich gern übers Reisen, mit Müllers über die schrecklichen Familiendramen und mit Schulzes über berufliche Entwicklungen und Karriere. Unternehmen Sie doch mal etwas Neues, lernen Sie fremde Menschen kennen und seien Sie gespannt, was diese Ihnen so zu erzählen haben. Auch wenn Sie meinen, diese Geschichten oder Standpunkte schon auswendig zu ken-

nen, überlegen Sie, hören Sie genau hin, wie spricht der andere über die Arbeit, von welchen Interessen erzählt er oder sie? Würden Sie sich heute in diesen Menschen, den Sie da sprechen hören und dort erleben, wieder verlieben? Sagen und zeigen Sie Ihrem Partner immer wieder, dass Sie sich freuen, dass er da ist.

„Ehe funktioniert am besten, wenn beide Partner ein bisschen unverheiratet bleiben."

(Claudia Cardinale)

Die Kröte schlucken

Kennen Sie das auch: Wir schieben unangenehme Dinge vor uns her, schieben und schieben, drücken uns ganz erfolgreich, obwohl wir wissen, dass diese Dinge, diese Aufgaben dadurch noch unangenehmer werden und auch unser schlechtes Gewissen immer mehr an uns nagt.

Was meine ich damit? Schlucken Sie jeden Tag erst einmal eine Kröte. Das heißt: Beginnen Sie mit dem Unangenehmsten. Packen Sie den Stier bei den Hörnern. Und ist die Kröte erst einmal geschluckt, erscheint alles andere viel „leckerer", viel angenehmer. Der Rest des Tages wird Ihnen umso leichter von der Hand gehen.

Nehmen wir einmal an, Sie müssten heute unbedingt ein unangenehmes Telefonat führen – greifen Sie zum Hörer und tun Sie es. Danach sind Sie befreit, es geistert nicht mehr in Ihrem Kopf herum, die Last ist von Ihren Schultern gefallen. Sie können sich erleichtert den anderen Dingen widmen.

Und sollte die Kröte einmal zu groß und zu fett sein, dann „verspeisen" Sie nicht die ganze Kröte auf einmal. Fangen Sie dann einfach an, ein bisschen an ihr zu knabbern. Teilen Sie diese Kröte auf mehrere Tage auf.

Wenn Sie beispielsweise alle Ihre Schränke ausmisten, auswaschen, aufräumen wollen, fangen Sie vielleicht in der Küche an, am nächsten Tag nehmen Sie sich Ihren Kleiderschrank vor, dann das Wohnzimmer, das Büro, und so weiter. Diese Kröte auf mehrere Tage zu verteilen, verschafft uns jeden Tag ein Erfolgserlebnis, jeden Tag haben wir das Gefühl, etwas Unangenehmes erledigt zu haben. Ansonsten kommt sehr schnell der Gedanke auf, dass wir ja noch sooo viel zu erledigen haben, dass wir anscheinend *nie* fertig werden – obwohl das natürlich nicht stimmt.

Probieren Sie es einfach mal aus, wie sich Ihr Lebensgefühl steigert, wie alles viel befreiter wird, wenn Sie zuerst das Unangenehme tun und den Rest des Tages genießen.

„Wenn du morgens zuerst einen Frosch isst, wird der Rest des Tages wundervoll."

(Mark Twain)

Alles kommt zurück

Manchmal haben wir das Gefühl, etwas zu vermissen, von dem wir meinen, es unbedingt zu brauchen. Vielleicht sehnen wir uns nach mehr Wertschätzung oder Anerkennung, mehr Liebe oder Aufmerksamkeit und vielem mehr. Dann beginnen wir zu suchen, wer uns das denn alles geben könnte. Wir beklagen uns oder bedauern, dass unser Partner uns vielleicht nicht genug Liebe und Aufmerksamkeit gibt, oder dass unser Chef uns zu wenig lobt.

In einem Coaching beklagte sich mal ein Klient, dass ihm seine Gesprächspartner nicht richtig zuhören würden. Daraufhin fragte ich ihn, ob er seinen Kunden, seiner Frau, seinen Kindern, seinen Freunden gut zuhören würde – das bestätigte er sofort. Dann fragte ich ihn, woran denn seine Gesprächspartner erkennen würden, dass er gut zuhöre. Hier wurde er etwas nachdenklich. Er ahnte, dass sein Umfeld das vielleicht gar nicht so deutlich erkennen würde, da er meistens sehr viel mehr redet als seine Gesprächspartner.

Mein Vorschlag für heute lautet also, was immer wir gerade entbehren oder wovon Sie Ihrer Meinung nach zu wenig haben oder zu wenig bekommen, geben Sie genau das, was Sie brauchen, an Ihre Umwelt ab – und zwar reichlich! Geben Sie mehr als zu nehmen.

Sie vermissen Lob und Anerkennung? Dann schenken Sie Ihren Mitmenschen besonders viel Anerkennung. Sie brauchen mehr Liebe oder Zuneigung? Schenken und zeigen Sie Zuneigung und Liebe, so viel Sie können. Erwarten Sie bitte nicht, dass sofort alles gleich zurückkommt. Es braucht manchmal ein wenig Zeit, doch seien Sie sicher: Es kommt zurück.

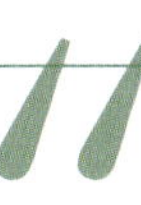

„Je mehr du gibst, desto mehr empfängst du. Und: Wer mit Freuden gibt, gibt am meisten."

(Mutter Theresa)

Drehen Sie´s um!

Unsere Gedanken scheinen uns manchmal um den Verstand zu bringen, regelrechte Gedankenkarusselle lassen uns nicht mehr konzentrieren oder sogar nachts nicht mehr schlafen. Deshalb: Zweifeln Sie einfach mal an Ihren Gedanken und Urteilen und drehen Sie sie um.

Wir kennen diese Methode aus „The Work“ von Byron Katie – sie fordert dazu auf, Annahmen, Urteile und Gedanken einfach umzudrehen. Das bedeutet, dass man einfach den Namen der anderen Person durch das Wort „ich“ ersetzt und damit dem Gedanken eine ganz neue Richtung verleiht.

Das Interessante ist, auch wenn man den Gedanken umdreht, so findet man ebenfalls an diesem neuen, verdrehten Gedanken immer einen wahren Kern, dem man tief im Inneren auch irgendwie zustimmen kann.

Spüren Sie mal, ob folgendes Beispiel bei Ihnen irgendetwas zum Klingen bringt: „Er sollte mehr Zeit für mich haben.“ Wenn Sie so über jemanden urteilen, ist es weder für Sie noch für den anderen angenehm und hilfreich. Wenn Sie nun die Worte umdrehen, können sie wie Medizin wirken: „Ich sollte mehr Zeit für ihn haben." oder „Ich sollte mehr Zeit für mich haben." In jeder Aussage steckt ein kleines Körnchen Wahrheit, wenn man sich intensiver damit beschäftigt.

Häufig lösen sich durch das Ändern der Sichtweise des einen Partners die Verkrampfungen des anderen. Wenn wie im Beispiel beschrieben die Vorwürfe der Ehefrau aufhören, gibt der Mann diesen unbewussten Kampf gegen diese Vorwürfe auf und schenkt seiner Frau wieder gerne mehr Zeit, weil er spürt, dass die Zeit nicht eingefordert wird und entspannt ist. Vielleicht ist dann eine wohlwollende, entspannte Stimmung spürbar und dadurch hat er natürlich das Bedürfnis, mehr Zeit mit ihr zu verbringen.

Probieren Sie diese Methode einfach mal aus - Sie werden sich wundern, welche positiven Veränderungen plötzlich in Ihrem Umfeld möglich sind.

„Das Leben ist bezaubernd,
man muss es nur durch die richtige Brille sehen"

(Alexandre Dumas der Jüngere)

Streichen Sie das Wörtchen „aber"

Achten Sie einmal ganz bewusst darauf, wie oft Sie und Ihre Mitmenschen das kleine Wörtchen „aber" gebrauchen und spüren Sie mal nach, wie es auf Sie wirkt. Hier ein paar Beispiele: „Ich verstehe dich ja, *aber* ich finde…" oder „Die Idee ist ganz gut, *aber* wir sollten vorher das Budget kalkulieren". Spüren Sie die Wirkung?

Das „aber" schränkt das ein, was zuvor gesagt wurde. In diesen Beispielen werden also das Verständnis und die Güte der Idee eingeschränkt. Wie fühlt sich das an? Nicht so richtig prickelnd, oder? Vielleicht ist es Ihnen ja auch schon mal in einem Meeting so ergangen. Sie bringen eine Idee auf den Tisch, und dann sagt jemand: „Ja, aber..."

Untersuchungen haben ergeben, dass allein die Erwähnung des Wortes „aber" ausreichte, um bei Versuchspersonen erhöhten Hautwiderstand, Schweißabsonderung und raschen Puls zu provozieren. Menschen reagieren körperlich auf dieses Wort. Es löst einen inneren Widerstand aus.

Mit dem Wort „aber" trennen Sie Ihren Gesprächspartner von sich. Der andere baut bei der Erwähnung des Wortes innerlich sofort eine Gegenposition auf. Wir wissen alle aus Erfahrung, nach dem „aber" kommt immer der „Hammer" für uns: „Das war deine Position, und jetzt kommt meine, die dir nachweist, dass du im Unrecht bist!" Wenn Sie das Wort „aber" nicht benutzen, können Sie Ihren Gesprächspartner noch „einsammeln". Er wird ohne inneren Widerstand Ihren Argumenten folgen.

Mein Vorschlag ist, ersetzen Sie einmal ganz konsequent und bewusst so oft wie möglich das Wörtchen „aber" durch ein „und". Dann hört sich das zum Beispiel so an: „Ich verstehe dich, und ich finde…" oder „Die Idee ist ganz gut, und wir sollten vorher das Budget kalkulieren." Eine richtig motivierende Wirkung erzeugen Sie im Gespräch, wenn Sie nicht „Ja, und…" sondern „Ja, genau…" sagen. Beispielsweise: „Ja, genau, und vorher kalkulieren wir noch das Budget."

Meine Erfahrung ist, dass Meetings und auch sonstige Gespräche, in denen häufiger „Ja und" und „Ja genau" verwendet werden, lebendiger sind und die Mitarbeiter beziehungsweise Gesprächspartner mehr Motivation und Kreativität entwickeln.

Ein weiterer Aspekt ist beachtenswert: Je nachdem, ob Sie „aber" oder „und" verwenden, lenken Sie auch die Aufmerksamkeit Ihres Gesprächspartners in unterschiedliche Richtungen. Wenn Sie „aber" verwenden, werden sich die Menschen eher daran erinnern, was Sie *nach* dem „aber" gesagt haben. Benutzen Sie „und", erinnern sie sich eher an das, was Sie *davor und danach* gesagt haben.

„Lach das Leben an und es lacht zurück."

(Quelle unbekannt)

Krisen als Chance

Kleine und große Krisen sind ganz wichtig für uns! Wieso das?

Wenn die Zeiten hart sind, wenn wir Krisen durchleben, dann lernen wir am meisten. Überlegen Sie ganz genau: Wann haben Sie die wichtigsten Entscheidungen in Ihrem Leben getroffen? Wahrscheinlich, als Sie in irgendeiner Art und Weise am Boden lagen.

Wann fangen wir an, uns endlich gesünder zu ernähren und Sport zu treiben? Wenn der Arzt uns eine wirklich sehr bedenkliche Diagnose stellt. Wann geben wir uns in unserer Partnerschaft wieder so richtig Mühe? Wenn sie auf wackligen Füßen steht und wir befürchten, unseren Partner zu verlieren. Wann verbessern wir den Kundenservice? Nachdem uns ein paar Kunden verlassen haben. Die Reihe ließe sich noch endlos fortsetzen.

Wenn wir also Krisen rückblickend betrachten, dann erkennen wir, dass sie Auslöser für einen wichtigen Wendepunkt in unserem Leben waren. Wir sind von Natur aus Gewohnheitstiere und tun eine Sache so lange wieder und wieder, bis wir irgendwann gezwungen werden, sie zu ändern.

Je mehr wir die ersten Warnsignale, die ersten Hinweise ignorieren und lieber in unseren Gewohnheiten bleiben, desto heftiger erwischt uns dann die Krise. Fragen Sie sich quasi schon beim ersten Signal, beim ersten Tritt vors Schienbein, wie muss ich jetzt mein Denken und Handeln ändern, wie kann ich besser werden, als ich jetzt bin. So nutzen wir das Potenzial der Krise konstruktiv, anstatt uns ins Jammertal zu begeben und uns zu fragen: Warum passiert so etwas ausgerechnet immer mir? Damit kommen wir bekanntlich überhaupt nicht weiter.

Wenn wir die ersten Signale ignorieren, wird die Veränderung, die durch die Krise entsteht, richtig schmerzhaft. Wir werden uns dann umso mehr gegen diese anstehende Veränderung sträuben.

Machen wir uns also bewusst, dass jedes Ereignis das Potenzial dazu hat, uns zu verändern und unsere persönliche Entwicklung voran zu treiben. Krisen haben dabei das größte Potenzial, unser Denken und Handeln zu verändern. Handeln Sie so, als hätte jedes Erlebnis im Leben einen Sinn – und Ihr Leben wird immer mehr Sinn bekommen. Finden Sie heraus, warum Sie eine bestimmte Erfahrung machen müssen, bewältigen Sie diese und gehen Sie gestärkt aus der Krise hervor.

Übrigens: Beim Wachstum betreten wir naturgemäß Neuland. Klar, dass wir uns dort zuerst einmal nicht sehr wohl und sicher fühlen und etwas Mut brauchen, dieses neue Land zu erkennen, zu erobern und zu begreifen. Doch irgendwann wird auch dieses Neuland Heimat für Sie.

„Die Normalität ist eine gepflasterte Straße; man kann gut darauf gehen - doch es wachsen keine Blumen auf ihr."

(Vincent van Gogh)

Wie groß ist Ihre Willenskraft?

Es ist nicht immer einfach, eine Sache durchzuhalten, die wir angefangen haben. Am Anfang ist die Begeisterung groß, doch später nimmt die Energie, der Enthusiasmus und damit auch unser Engagement immer mehr ab.

Bei Schwierigkeiten werfen wir dann doch das Handtuch und unser Projekt gerät immer mehr in Vergessenheit, bis es dann völlig im Sande verlaufen ist. Dann gibt es manchmal so einen Teil in uns, der sagt: „Kannst du nicht auch mal irgendwann etwas erfolgreich zu Ende bringen, kannst du nicht mal dranbleiben, kannst du es nicht einfach mal durchziehen, warum hast du nicht die Disziplin?" Vielleicht kennen Sie auch diese kleine innere Stimme in Ihnen.

Was brauchen wir, dass wir dran bleiben, dass wir nicht bei den ersten Schwierigkeiten schon aufgeben und unser Vorhaben fallen lassen, von dem wir doch mal so begeistert waren? Vor allem brauchen wir Willenskraft, Mut und Motivation. Das klingt nach sehr viel. Doch schauen wir uns genau diese Eigenschaften einfach mal an.

Willenskraft bedeutet, dass Sie das, was Sie sich fest vorgenommen und geplant haben, nicht mehr hinterfragen. Das bedeutet, Sie sind entschlossen. Wenn Sie sich für etwas entschieden haben, dann hinterfragen Sie nicht mehr, ob Sie sich denn auch wirklich richtig entschieden haben, sondern machen Sie sich klar, dass Sie diese Frage jetzt gar nicht mehr beantworten können. Diese Frage haben Sie bereits beantwortet. Sie haben sich schon entschieden.

Stehen Sie zu Ihrer Entscheidung, handeln Sie jetzt. Es kann sein, dass Sie etwas korrigieren oder modifizieren, doch das Fundament der Entscheidung bleibt bestehen. Übertragen auf einen Hausbau bedeutet das: Wenn das Richtfest erst mal gefeiert ist, ist die Entscheidung über die Anzahl der Stockwerke längst gefallen; sich darüber den Kopf zu zerbrechen, bringt uns davon ab, unser Ziel zu verfolgen, ein Haus zu bauen. Doch können wir unsere Entscheidung, welche Farbe der Anstrich haben soll noch revidieren, sollten wir merken, dass die Ziegel in Kombination mit der Farbe nicht so wirken wie geplant.

Mut hilft Ihnen, bei Ihren Vorhaben auch mal ungewohnte Wege auszuprobieren, Neues zu wagen und offen zu sein für etwas, mit dem Sie in Ihrer Planungs- oder Vorbereitungsphase nicht unbedingt gerechnet haben.

Die Motivation gewinnen Sie, wenn Sie sich immer wieder verdeutlichen, warum Sie sich ein bestimmtes Ziel eigentlich gesetzt haben. Was war denn Ihr ursprüngliches Motiv? Was war Ihr Nutzen? Gerade auf Durststrecken ist es wichtig, sich immer wieder sein Motiv, seinen Beweggrund bewusst zu machen. Warum wollten Sie dies oder jenes bewegen? Dadurch gewinnen Sie die Motivation durchzuhalten.

„Niemand hätte je den Ozean überquert, wenn die Möglichkeit bestanden hätte, bei Sturm das Schiff zu verlassen.“

(Charles F. Kettering)

Spüren Sie Ihre Gefühle - auch negative!

Sind Sie unzufrieden? Vielleicht sogar wütend?
Richtig verärgert?

Super!

Super? Was soll denn daran super sein, wenn Sie unzufrieden oder gar wütend sind? Normalerweise sind das ja Gefühle, die wir nicht wirklich gerne haben. Wer brüstet sich schon gerne damit, dass er unzufrieden ist nach dem Motto: „Wie geht es dir" – „Danke, prima, ich bin so wunderbar unzufrieden!"

Wir streben so viel nach Harmonie und „Eitel Sonnenschein" und „Friede, Freude, Eierkuchen", dass der Wert der Unzufriedenheit und auch der Wut oder des Ärgers gerne übersehen wird. Doch was ist dieser Wert? Energie!

Unzufriedenheit, Wut und Ärger sind pure Energie. Ein Motivationskick, etwas zu verändern. Je stärker die Unzufriedenheit, desto größer die Veränderungsmotivation. Das heißt, Sie sind motiviert, den aktuellen Zustand zu ändern.

Kein Mensch ist auf Dauer gerne unzufrieden oder wütend. Dabei ist es wichtig, sich nicht an der Unzufriedenheit festzubeißen, sich nicht dauerhaft der Wut oder dem Ärger hinzugeben. Machen Sie Ihren Gefühlen erst einmal richtig Luft. Dann überlegen Sie, was Sie konkret tun können, damit sich Ihr Zustand ändert, damit Sie wieder mit sich und der Welt zufriedener sind.

Sie kennen sicherlich genügend Beispiele in Ihrem Leben. Überlegen Sie einmal, wann Sie aktiv etwas verändert haben, weil Sie unzufrieden waren. Das fängt im Kleinen an: Waren Sie unzufrieden mit Ihren Haaren – ab zum Friseur. Unzufrieden im Job – vielleicht haben Sie sich einen neuen Job gesucht. Wütend auf den Partner – ein klärendes Gespräch hilft, die Bedürfnisse zu äußern und mehr aufeinander einzugehen.

Je niedriger Ihre Frustrationstoleranz ist, desto mehr Veränderungsmotivation haben Sie, desto schneller werden Sie aktiv. Wenn Sie sich allerdings mit Ihrer Unzufriedenheit abfinden und sich vielleicht sogar selbst ein wenig bemitleiden, dann tut sich bekanntermaßen nichts. Dann sind Sie ein Opfer der Umstände und Ihrer Unzufriedenheit. Das geht solange, bis Sie endgültig genug davon haben, die Augen endlich aufmachen und die Ärmel hochkrempeln.

Bei manchen Menschen dauert es sehr, sehr lange, bis sie endlich aktiv werden. Es staut sich immer mehr Unzufriedenheit, Wut und Ärger auf. Das kann natürlich nicht gesund sein. Irgendwann äußert sich dann die Unzufriedenheit in körperlichen Symptomen, angefangen bei Müdigkeit, Demotivation, die sich körperlich niederschlägt, bis hin zu chronischen Krankheiten.

Lassen Sie es nicht so weit kommen, seien Sie wachsam, was Sie unzufrieden macht. Nutzen Sie die Veränderungsmotivation, um aktiv dafür zu sorgen, dass Sie wieder zufriedener sind.

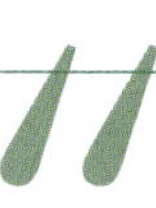

„Sag Du es ihm, sagte die Seele zum Körper, denn auf mich hört er nicht."

(Quelle unbekannt)

Wie fühlt sich Glück an?

Heute lade ich Sie dazu ein, Ihre großen und kleinen Glücksgefühle bewusst wahrzunehmen. Jeder Mensch möchte glücklich sein. Und für jeden Menschen hat Glück eine etwas andere Bedeutung. Für die einen ist es ein leckeres Stück Kuchen, für die anderen ein schöner Blick aufs Meer, und wieder andere sind glücklich, wenn sie in ihrem Garten sitzen oder die Welt entdecken. Diese Beispiele ließen sich endlos fortführen.

Glück ist eine Kombination aus äußeren Umständen und der eigenen Einstellung zu diesen Umständen. Die äußeren Umstände allein bewirken erst einmal gar nichts. Sie sind einfach da, ganz neutral. Erst die Bedeutung, die ich diesen Umständen gebe, entscheidet darüber, ob ich mich freue und glücklich bin.

Das Glück allein den äußeren Umständen zuzuschreiben, wie manche es versuchen, ist riskant. Denn diese Umstände können sich schnell verändern, dann sitzt man da und schaut nur in ein dunkles Loch. Aber allein die richtige Einstellung reicht auch nicht zum Glück. Wir brauchen zumindest ein Minimum an körperlicher Pflege, an Erfolg, materiellem Besitz und wohltuender Umgebung, um glücklich sein zu können.

Obwohl wir Menschen immer nach dem Glück suchen, sehen wir das Glück vor lauter Glück nicht mehr. Wir gewöhnen uns so schnell an das Glück, dass wir es manchmal gar nicht mehr wahrnehmen. Wir vergessen die zahlreichen Möglichkeiten, wie wir auch jenseits der Gewohnheiten Glück empfinden können. Manchmal vergessen wir sogar, dass Glück in unserem Leben existiert. Dabei existiert Glück immer. Wir nehmen es nur nicht immer wahr oder schenken eher dem Unglück unsere Aufmerksamkeit.

Nehmen Sie Ihre Glücksmomente einmal ganz bewusst wahr. Entdecken Sie die kleinen, aber feinen Momente, in denen Sie sich glücklich fühlen. Vielleicht ist es der Moment, in dem Sie aus dem Haus gehen und Sie die Sonne auf Ihrer Haut spüren. Oder der Moment, in dem Sie einen leckeren heißen Kaffee trinken, oder ein nettes Gespräch, oder eine kleine Blume am Wegesrand, oder eine Umarmung, ein Kuss, ein Lachen. Richten Sie Ihre Aufmerksamkeit auf all diese kleinen Glücksmomente und fühlen Sie mal ganz bewusst hinein. Genießen Sie sie. Vielleicht sagen Sie sich innerlich: „Ich bin gerade glücklich".

Übrigens ist es auch schön, wenn Sie Ihre Empfindung einem anderen Menschen mitteilen, der Ihnen nahe steht. Wann haben Sie zum Beispiel Ihrem Partner oder Ihrer Partnerin das letzte Mal gesagt: „Du, weißt du was... ich bin gerade glücklich". Probieren Sie das mal aus.

„Glücklich sein hängt nicht davon ab, dass wir bekommen,
was wir nicht haben, sondern davon,
wie gut wir nutzen, was wir haben."

(Thomas Hardy)

Stimmungen aktiv beeinflussen

Kann es auch Ihnen mal passieren, dass Sie - salopp gesagt - schlecht drauf sind? Wenn Ihnen das ab und zu passiert, ist es auch gut so. Warum das?

Licht gibt es nur da, wo es auch Schatten gibt – wir dürfen also auch durchaus mal schlecht drauf sein. Danach wissen wir auf jeden Fall wieder zu schätzen, wie gut es uns doch eigentlich geht und wie schön es ist, wenn wir gut drauf sind. Und das Gute ist, wir können selbst dafür sorgen, dass wir gut drauf sind.

Es gibt so viele Möglichkeiten, wie man seine Stimmungen, Missstimmungen und seine Launen beeinflussen kann. Eine Möglichkeit ist, anderen etwas Gutes zu tun. Dies ist vielleicht nicht gleich nachvollziehbar, weil der erste Gedanke eher der ist, sich selbst erst einmal etwas Gutes zu tun. Das ist auch eine Möglichkeit, die gut funktioniert. Doch auch ganz gezielt anderen eine Freude zu machen, ist sehr wohltuend für uns.

Das funktioniert deshalb, weil wir den Fokus von unserem eigenen „Leid", von unserer miesen Laune wegnehmen und uns auf eine andere Person fokussieren. Wir sind dann darauf konzentriert, was wir Schönes für diese Person tun können. Der Dank, den wir dann von dieser Person bekommen, tut uns besonders gut.

Sie kommen beispielsweise nach einem anstrengenden Meeting zurück an Ihren Arbeitsplatz. Das Meeting ging wieder einmal viel länger als geplant, negative Nachrichten, unerfreuliche Zahlen - kurzum, Ihre Laune ist im Keller. Die Mundwinkel Ihrer Kollegin, die Ihnen gegenüber sitzt, kämpfen gegen die Schwerkraft. Ja, und jetzt überlegen Sie, was Sie dieser Kollegin vielleicht Gutes tun könnten. Dann holen Sie im Café gegenüber einen leckeren Cappuccino, den Ihre Kollegin gerne trinkt, und noch ein süßes Teilchen dazu. Dann laden Sie diese Kollegin dazu ein, mit Ihnen zehn Minuten Pause zu machen.

Oder Sie sehen, dass Ihre Kollegin in großer Zeitnot ist, ihre Sachen kaum schafft und sich völlig unter Druck fühlt. Dann bieten Sie ihr einfach an, etwas für Sie zu erledigen. Oder Sie sehen, wie eine Mutter mit einem Baby auf dem Arm gerade Einkaufstüten die Treppe hochschleppt – und Sie nehmen ihr spontan etwas von ihrer Last ab und tragen sie es für sie nach oben. Oder Sie bringen Ihrem Partner oder Ihren Kindern eine kleine Überraschung mit nach Hause.

Es ist so einfach und so wohltuend, wenn wir anderen eine Freude machen. Wenn Sie also mal schlecht drauf sind, dann nutzen Sie die Gelegenheit, einer anderen Person etwas Gutes zu tun.

„Der ideale Mensch fühlt Freude,
wenn er anderen einen Dienst erweisen kann."

(Aristoteles)

Werden Sie zum Wie-Denker

Kennen Sie das typische „Wenn-Denken"? Nach dem Motto:

- „Wenn ich mal mehr Zeit habe, dann fange ich mit einem schönen Hobby an."
- „Wenn mein Mann mir besser zuhören würde, würden wir uns nicht so oft streiten."
- „Wenn mein Chef mir mehr Anerkennung geben würde, wäre ich viel motivierter bei der Arbeit."
- „Wenn die Kunden heute nicht so extrem auf ihr Geld schauen würden, könnte ich viel mehr verkaufen."

Ich denke, Sie wissen, was ich meine. Das Wenn-Denken ist absolut nutzlos. Es bringt uns überhaupt nicht weiter und dazu macht es uns ein Stück weit abhängig vom Handeln der anderen, von äußeren Umständen und vermittelt uns vielleicht sogar ein Gefühl von Ohnmacht.

Achten Sie einmal ganz besonders auf die vielen „Wenns", die Sie hören oder gar selbst sagen, und prüfen Sie, wie es sich anfühlt, denselben Gedanken mit einem „Wie" zu formulieren. Auch können Sie Ihren Mitmenschen dabei helfen, vom Wenn-Denken zum Wie-Denken zu kommen.

Das hört sich dann so an:

- „Wie schaffe ich es, schon jetzt mehr Zeit zu haben, um mit meinem Hobby zu beginnen?"
- „Wie schaffe ich es, dass mein Mann mir besser zuhört?"
- „Wie kann ich dazu beitragen, dass mein Chef mir mehr Anerkennung gibt?"
- „Wie kann ich den Kunden dazu bringen, weniger an sein Geld und dafür mehr an den Nutzen meines Produkts zu denken?

Merken Sie den Unterschied? Ein *wie* holt Sie aus der Ohnmachtsfalle, zeigt Ihnen Lösungen, bringt Sie in Aktion und macht Sie kreativ. Werden Sie also vom Wenn-Denker zum Wie-Denker, um Ihr Leben aktiv selbst zu gestalten.

„Wenn das Wörtchen wenn nicht wär',
dann wär' mein Vater Millionär."

(deutsche Redensart)

Die motivierende Kraft der Anerkennung

Viele Menschen sind hochmotiviert, wenn sie gelobt werden, wenn ihnen für das, was sie tun, Anerkennung zugesprochen wird. Egal was Sie machen, beruflich, privat, in Vereinen – wenn Sie von anderen hören: „Super, gut gemacht, weiter so"- dann gehen Sie mit einer größeren Energie, mit viel mehr Lust an die Arbeit, Sie setzen sich freiwillig stärker ein.

Ein Unwohlsein, Halsschmerzen, Kopfschmerzen werden bedeutungslos, Sie registrieren sie gar nicht so deutlich, wenn Sie positive, anerkennende Worte hören. Lob setzt Energien frei, die Sie vielleicht zuvor noch gar nicht gekannt haben.

Jetzt frage ich Sie: Wann haben Sie das letzte Mal anderen Menschen etwas Positives gesagt, wann haben Sie das letzte Mal Ihren Partner, Ihre Kinder, Ihre Mitarbeiter gelobt? Gemeint ist hier auch schon ein kleines Lob. Dass der andere so gut gelaunt ist, positive Worte über die Kleidung des anderen finden, die Hilfsbereitschaft dankbar erwähnen. Es ist so einfach, anderen Menschen eine kleine Freude zu machen, indem wir ihnen Anerkennung aussprechen.

Doch Sie kennen das sicherlich auch, vielleicht von Ihrem eigenen Chef: „Wenn ich nicht tadele, dann ist das Lob genug." Schade, das Leben wäre viel schöner, wenn wir mehr loben und anerkennen würden. Mit großer Wahrscheinlichkeit fühlt sich eine Kassiererin beim Discounter gut, wenn wir ihr mal sagen, dass wir sie immer freundlich und lächelnd sehen, egal, wie überfüllt der Verkaufsladen ist oder wie grummelnd sich gerade der Kunde vor uns verhalten hat. Auch der aufmerksame Kellner empfindet Freude, wenn wir als Gast erwähnen, dass er uns so gut bedient hat. Oft geht direkt ein Strahlen, ein Leuchten über das Gesicht des anderen.

Kurz gesagt, Menschen Gutes zu tun, indem wir ihnen Lob und Anerkennung aussprechen, gibt ihnen Antrieb und Motivation. Vielleicht haben Sie Lust, heute, morgen, übermorgen – die nächsten vier Wochen einfach mal versuchsweise jeden Tag mindestens einem Menschen Anerkennung auszusprechen. Vielleicht spüren Sie, wie die anderen Menschen sich verändern und – wie sich in Ihnen etwas verändert. Seien Sie jedoch dabei immer aufrichtig. Heucheleien und unaufrichtiges Lob spürt der andere sofort – darauf sollten wir unbedingt verzichten.

„Eine schöne Handlung aus vollem Herzen loben, heißt in gewissem Maße, an ihr teilhaben."

(François de La Rochefoucauld)

Packen Sie´s an!

Geht es Ihnen auch manchmal so, dass Sie das ein oder andere vor sich her schieben? Natürlich haben wir die besten Begründungen dafür – oder sind es eher Ausreden? Es ist ganz klar, dass man eigentlich heute richtig anfangen wollte, aber leider kamen dann völlig unvorhersehbare, wirklich wichtige Dinge dazwischen. Außerdem waren die Rahmenbedingungen nicht optimal – und dafür kann man ja nun wirklich nichts.

Seien wir mal ehrlich, wirklich freier fühlen wir uns durch diese Aufschieberei doch nicht, oder? Aber es anzupacken, hinterher das Ergebnis zu sehen, es abzuhaken, das fühlt sich verdammt gut an.

Knöpfen Sie sich einfach mal eines Ihrer Projekte, ein Vorhaben wirklich vor und fangen Sie tatsächlich an. Zuerst einmal mit dem ersten kleinen Minischritt. Setzen Sie sich einen Zeitrahmen, den Sie gut überschauen können und von dem Sie sagen: „Ja, okay, das kann ich schon mal machen, das tut nicht so weh." Und wenn es nur zehn Minuten sind – auch hier können Sie die ersten kleinen Minischritte schon beginnen. Zum Beispiel einen Anruf tätigen, eine Recherche, einen Zeitplan.

Überprüfen Sie dieses eine Vorhaben einmal ganz genau. Wollen Sie das tatsächlich, was Sie sich da vorgenommen haben? Hinterfragen Sie den Antrieb, hinterfragen Sie Ihr Motiv. Warum ist Ihnen dieses Vorhaben so wichtig? Warum wollen Sie es umsetzen? Was ist denn Ihr Nutzen dabei? Was würde denn passieren, wenn Sie es einfach streichen und niemals umsetzen würden. Wie fühlt es sich an, wie ist es genau, wenn Sie es erledigt haben?

Wenn Sie dafür einige kluge Antworten gefunden sowie Ihre Motivation überprüft haben und Sie wirklich ganz sicher sind, dass Sie Ihr Vorhaben umsetzen wollen, dann treffen Sie die Entscheidung, den ersten kleinen Schritt zu wagen. Schreiben Sie sich diesen ersten Schritt auf, notieren Sie sich in Ihrem Kalender einen festen Termin dafür.

Im Nachhinein werden Sie mit Stolz feststellen, dass es eigentlich gar nicht so schlimm war, und eine Freude spüren, dass Sie endlich das angepackt haben, was Sie sich doch schon eine ganze Weile vorgenommen haben. Vielleicht bringen Sie Ihr Projekt auch viel schneller zu Ende, als Sie denken oder es geplant haben.

„Für den Fleißigen hat die Woche 7 Heute,
für den Faulen 7 Morgen."

(deutsches Sprichwort)

Raus aus dem Alltagstrott

Haben Sie manchmal das Gefühl, dass Sie in Alltagsroutinen gefangen sind? Sie wissen schon ganz genau, wie die nächsten Minuten, Stunden, Tage, Wochen und Monate verlaufen werden, weil es doch immer so abläuft. Dann lade ich Sie dazu ein, mit diesen Routinen einfach mal zu brechen.

Routinen können auf Dauer mürbe machen, weil sie unsere Wahrnehmung, Kreativität und Lebendigkeit einschränken. Wir haben dann oft nicht das Gefühl, dass wir leben, sondern eher, dass wir gelebt werden.

Wissen Sie, wie es ist, wenn Sie an einem unbekannten Ort im Urlaub sind? Am Anfang ist alles neu – Sie laufen mit neugierigen und lebendigen Blicken durch die Gegend, lernen sich orientieren, lernen Menschen kennen – schon nach einer Woche in ein und demselben Hotel immer am selben Strand beginnen ganz schnell die ersten Routinen. Man legt sich am Strand oder am Pool immer auf denselben Platz, denn schließlich ist dieser auch der schönste, oder zumindest schön genug, um aus Bequemlichkeit keinen anderen Platz auszuprobieren. Und damit uns auch ja keiner „unseren" Platz wegnimmt, reservieren wir ihn eben morgens um sechs mit Handtüchern. Spätestens dann sollte Ihnen klar werden, dass Routinen da sind, um sie zu brechen.

Fangen Sie einfach mal in Ihrem Alltag an, etwas Neues zu wagen. Anstatt schon morgens früh zuerst alle E-Mails abzuarbeiten, suchen Sie sich nur die drei wichtigsten raus und kümmern sich um diese E-Mails, danach gehen Sie einer anderen Aufgabe nach. Die anderen E-Mails beantworten Sie einfach später. Oder statt samstags immer die Wohnung zu putzen, genießen Sie das schöne Wetter bei einer Fahrradtour. Statt abends regelmäßig vor dem Fernseher zu sitzen, gehen Sie einfach mal wieder ins Kino, holen mal ein Gesellschaftsspiel raus oder blättern in einem Fotoalbum.

„Gewohnheiten sind zuerst Spinnweben, dann Drähte."

(aus Spanien)

Einfach mal wundern

Können Sie sich vorstellen, wie das wäre, die Welt einmal wieder mit den Augen eines Kindes zu betrachten? Erinnern Sie sich, wie Sie als Kind durch die Welt gehüpft sind und was Sie damals doch so alles entdeckt haben, worüber Sie sich gewundert haben, welche Fragen Ihnen so in den Sinn gekommen sind, was Sie so neugierig gemacht hat.

Erfreuen Sie sich mal wieder an den vielen kleinen und großen Wundern, die Sie täglich umgeben. Beispielsweise die Wunder der Technik – fragen Sie sich auch manchmal, wie es eigentlich sein kann, dass man am PC bunte Grafiken erstellen kann, die dann auch noch bunt ausgedruckt werden.

Ist es nicht auch ein Wunder, wie die Natur durch die kalte Jahreszeit durchkommt, sich zurückzieht, um dann im Frühling in neuer Pracht zu erblühen? Ist es nicht ein Wunder, wie unser Körper funktioniert? Ohne Unterbrechung tut er alles, um zu leben. Die Entstehung neuen Lebens ist für mich wundervoll.

Wie perfekt die Erde um die Sonne zieht, der Mond um die Erde, das Zusammenspiel des ganzen Planetensystems und des gesamten Universums – das alles empfinde ich als Wunder.

Bleiben Sie also offen für alles, schauen Sie mal genauer hin, halten Sie mal am Wegesrand an, um diese kleine Pflanze zu betrachten, die sich durch den Asphalt kämpft. Entdecken Sie lauter kleine Wunder, die Ihnen bisher vielleicht noch gar nicht weiter aufgefallen sind oder die Sie für selbstverständlich erachten.

Benutzen Sie auch bewusst häufiger die Worte „wundervoll", „wunderbar" oder auch „wunderschön". Vielleicht kommen Ihnen ja auch ein paar wundervolle Ideen, wie Sie auch Ihre ganz persönlichen Wunder vollbringen können. Handeln ist wundervoll.

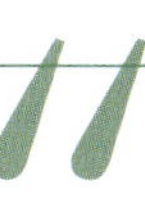

„Alles in der Welt ist merkwürdig und wunderbar für ein paar wohlgeöffnete Augen."

(José Ortega y Gasset)

Die Kunst des Feedbacks

Feedback ist für uns enorm wichtig, weil wir erfahren, wie andere uns wahrnehmen. Fremdwahrnehmung ist bekanntlich etwas anderes als Selbstwahrnehmung.

Ein Feedback, sei es positiv oder negativ, ermöglicht, uns zu entwickeln und zu verändern. Im beruflichen Alltag ist das Feedback ein fester Bestandteil, zum Beispiel in Mitarbeitergesprächen. Auch darüber hinaus sollte es in der Unternehmenskommunikation fest integriert sein, denn wir wissen doch, dass ein Feedback Mitarbeiter auch motiviert.

Doch auch im Privatleben, in der Partnerschaft, in einer Beziehung und in einer Familie ist Feedback sehr wertvoll.

Ein Feedback kann drei verschiedene Ziele haben:

1. Sie wollen den anderen darauf aufmerksam machen, wie Sie sein Verhalten erleben und was es bei Ihnen bewirkt – im positiven wie im negativen Sinn.

2. Sie wollen den anderen über Ihre Wünsche, über Ihre

Bedürfnisse und Gefühle informieren, damit er weiß, worauf er besser Rücksicht nehmen könnte. Das erleichtert den Umgang miteinander, weil der andere sich dann nicht immer auf irgendwelche Vermutungen stützen muss.

3. Sie wollen den anderen darüber aufklären oder informieren, welche Änderungen in seinem Verhalten die Zusammenarbeit oder Kommunikation Ihnen gegenüber erleichtern würden.

Ein Feedback bezieht sich immer auf hilfreiche Verhaltensweisen, aber auch auf störende. Die positive Wirkung von Feedback ist, störende Verhaltensweisen zu korrigieren und das Miteinander effektiver und wohltuender zu gestalten.

Allerdings ist es nicht immer so einfach, Feedback zu geben oder zu nehmen. Es kann manchmal ganz schön unangenehm sein, etwas wehtun oder peinlich sein. Es kann Abwehr auslösen oder sogar neue Schwierigkeiten heraufbeschwören, da doch niemand so richtig mit leichtem Herz akzeptiert, dass sein Selbstbild eventuell etwas verschoben ist. Auch ist es nicht leicht, seine Gefühle oder seine Bedürfnisse immer offen darzulegen.

Hier ein paar Tipps für den Sender des Feedbacks:

1. Machen Sie eine möglichst wertfreie Beschreibung des Verhaltens und Ihrer Reaktion darauf. Konzentrieren Sie

sich also auf das, was Sie beobachten. Beispiel: „Ich nehme wahr... Das bewirkt bei mir..."

2. Beschreiben Sie das Verhalten so konkret wie möglich und immer auf eine konkrete Situation bezogen. Vermeiden Sie pauschalisierende Formulierungen wie „immer, nie, ständig".

3. Formulieren Sie Ihren Wunsch ganz klar, ohne Weichmacher wie „vielleicht, eventuell, man könnte ja". Beispiel: „Ich wünsche mir, dass du in Zukunft deine schmutzigen Schuhe am Eingang ausziehst und nicht mehr damit durchs ganze Haus läufst."

4. Fordern Sie keine Änderungen. Sie können dem Empfänger nur Informationen darüber liefern, was sein Verhalten oder seine Kommunikation bei Ihnen bewirkt. Ob er aufgrund der Informationen sein Verhalten tatsächlich ändert, entscheidet er dann tatsächlich selbst.

5. Geben Sie Ihr Feedback immer zeitnah. Je weiter in der Vergangenheit das Verhalten liegt, desto weniger kann Ihr Gegenüber Ihrer Aussage etwas anfangen. Sofortiges Feedback gibt dem Empfänger die Möglichkeit, die Situation besser in Erinnerung zu rufen und sein Verhalten zu überdenken.

6. Vergewissern Sie sich, dass der Empfänger tatsächlich bereit ist, Ihr Feedback auch zu hören und anzunehmen. Optimal ist natürlich, wenn er selbst darum bittet. Und wenn nicht, dann fragen Sie ihn einfach, ob Sie ihm gerade ein Feedback geben dürfen.

7. Als „erweitertes Feedback" können Sie Ihr Gegenüber auch fragen, wie er die Situation wahrnimmt oder was er davon hält. Dann erfahren Sie auch seine Sichtweise, seine Gefühle und Ansichten darüber.

Ganz wichtig für den Feedbackempfänger: Er sollte das Feedback als das betrachten, was es ist – ein Spiegel seines Verhaltens. Er erfährt etwas darüber, wie er auf andere wirkt. Das bedeutet, dass ein guter Feedbackempfänger sich nicht für sein Verhalten rechtfertigt, entschuldigt oder gar anfängt zu diskutieren, sondern sich einfach nur für die Rückmeldung bedankt und dann überlegt, welche Auswirkungen dieses Feedback, diese Information nun auf sein Verhalten haben kann.

„Es wird gleich ein wenig anders, wenn man es ausspricht."

(Hermann Hesse)

Zu guter Letzt...

Herzlichen Glückwunsch! Jetzt haben Sie 50 Tipps durchgearbeitet und sich intensiv und ausgiebig mit sich und Ihrem Umfeld beschäftigt. Hat sich in Ihrem Leben, in Ihrer Einstellung zu manchen Dingen und auch Menschen in Ihrem Umfeld etwas verändert? Ist manches einfacher oder auch klarer geworden?

Vielleicht hatten Sie beim Durcharbeiten das Gefühl, dass Sie diesen oder einen ähnlichen Punkt doch schon einmal ein paar Seiten zuvor bearbeitet hatten. Ja? Das ist kein Versehen von mir. Das habe ich ganz bewusst so eingebaut. Der Mensch lernt nur durch Wiederholungen. Neue Dinge müssen regelrecht verstoffwechselt und verdaut werden (diesen Ausdruck habe ich mal in einem Vortrag von Robert Betz im Zusammenhang mit neuen Gedankengängen gehört - hat mir direkt gefallen), damit wir sie begreifen, verstehen und dauerhaft umsetzen können. So tauchen manche Gedanken unter verschiedenen Gesichtspunkten und Perspektiven auf, damit wir uns immer wieder damit auseinandersetzen.

Wie können Sie das Buch auch in Zukunft nutzen? – Sehen Sie es auch weiterhin als Werkzeugkoffer, mit dem Sie rein intuitiv arbeiten können. Der Mensch wandelt sich, verändert sich täglich – und somit ändern sich auch bei Ihnen Sichtweisen und Erfahrungen.

Mein Tipp: Greifen Sie einfach nach eigenem Ermessen in diese „Tool-Box", schlagen Sie intuitiv eine beliebige Seite auf und lesen Sie sie noch einmal durch. Schauen Sie, welche Bemerkungen Sie sich damals, beim ersten Durcharbeiten gemacht haben. Wie sehen Sie diesen Punkt heute? Was hat sich verändert? Gerne können Sie sich auch mit einer anderen Farbe neue Gedanken notieren. So merken Sie sicher sehr schnell, dass dieses Buch nicht nur zum einmaligen Lesen gedacht ist, sondern Sie über Jahre, vielleicht sogar über Jahrzehnte begleiten kann.

Viel Freude dabei, Ihre Heike Holz

DANKE!

Danke

Ein Buch kann nur mit der Unterstützung von vielen Menschen entstehen.

Ein ganz besonderer Dank gilt hierbei René Sputh, der mit vielen inspirierenden Ideen und einem intensiven Austausch zum Gelingen beigetragen hat.

Ein ganz lieber Dank gilt meiner Tochter Natalie für ihr großes persönliches Engagement beim Korrekturlesen und Überarbeiten. Vielen Dank auch für die vielen Hinweise und Anregungen an meine Schwester Anja.

Wir werden geprägt durch unsere Umwelt und unser persönliches Umfeld. Nur durch den Gedankenaustausch und die zahlreichen wertvollen Gespräche und Diskussionen mit Freunden, Bekannten, Seminarteilnehmern, Lehrern und Vorbildern können diese Erkenntnisse entstehen, wie sie hier im Buch zusammengetragen sind. So sage ich Danke an all diejenigen, die mich in den letzten Jahren in meiner Entwicklung und auf meinem Weg begleitet haben.

Literaturverzeichnis

Asgedom, Sabine: Reden ist Gold, Düsseldorf 1997

Betz, Robert: Raus aus den alten Schuhen, München 2008

Betz, Robert: Willkommen im Reich der Fülle, Burgrain 2007

Birkenbihl, Vera: An Ihrem Lachen soll man Sie erkennen, Landsberg am Lech 2001

Birkenbihl, Vera: Jeden Tag weniger ärgern, München 2002

Carnegie, Dale: Sorge dich nicht – lebe, München 2001

Christiani, Alexander: Weck den Sieger in dir, Offenbach 2000

Dahlke, Rüdiger: Die Schicksalsgesetze, München 2009

Enkelmann, Nikolaus: Charisma, Landsberg am Lech 1999

Enkelmann, Nikolaus: Die Macht der Motivation, Landsberg am Lech 1999

Enkelmann, Nikolaus: Rhetorik Klassik, Offenbach 1999

Gigerenzer, Gerd: Bauchentscheidungen – Die Intelligenz des Unbewussten, München 2007

Goleman, Daniel: Dalai Lama - Die heilende Kraft der Gefühle, Bergisch- Gladbach 1997

Goleman, Daniel: EQ – Emotionale Intelligenz, München 1999

Katie, Byron: Lieben was ist, München 2002

Katie, Byron: Was wäre ich ohne mein Drama, München 2009

Kühne de Haan, Lelia: Ja, aber…, München 2004

Matschnig, Monika: Mehr Mut zum Ich, München 2009

Mohr, Bärbel & Manfred: Cosmic Ordering, Isen 2008

Mohr, Bärbel & Manfred: Das Wunder der Selbstliebe, München 2011

Schuller, Robert: Aufwärts zum Erfolg, Zürich 1984

Schulz von Thun, Friedemann: Miteinander reden 1, Hamburg 2001

Seiwert, Lothar: Das neue 1& 1 des Zeitmanagements, München 2007

Seiwert, Lothar: Wenn du es eilig hast, gehe langsam, Frankfurt 2000

Seligmann, Martin: Pessimisten küsst man nicht, München 2001

Spezzano, Chuck: Wenn es verletzt, ist es keine Liebe, München 2006

Sprenger, Reinhard: Das Prinzip der Selbstverantwortung, Frankfurt 2000

Tipping, Colin: Ich vergebe, Bielefeld 2004

Tracy, Brian: Eat that frog, Offenbach 2006

Watzlawick, Paul: Anleitung zum Unglücklichsein, München 2009

Wilde, Frank: Beweg deinen Arsch, Fichtenau 2007

Für Business u. Privat

UNSERE BESTSELLER
Erkenntnisse - Ideen - Rezepte

FRANZ X. BÜHLER

Als Mental-Trainer versteht er es mit einfachen Worten sehr komplexe Dinge und Zusammenhänge so zu vermitteln, dass die Menschen sie begreifen und die Erklärungen ein zartes Leuchten des Verstehens in ihre Augen zaubern.

VOM KOPF INS HERZ
Der Bestseller in 5 Sprachen

Wir kennen sie, die weisen und tiefgründigen Zitate großer Dichter und Philosophen, die Volksweisheiten. Bleibt oft nur die Frage: Wie umsetzen?

Das Buch beschreibt und erklärt in lockerer, leichter und spannender Art deren tiefere Bedeutung.

ISBN 978-3-941633-10-0 (Deutsch)

Auch als Ebook erhältlich!

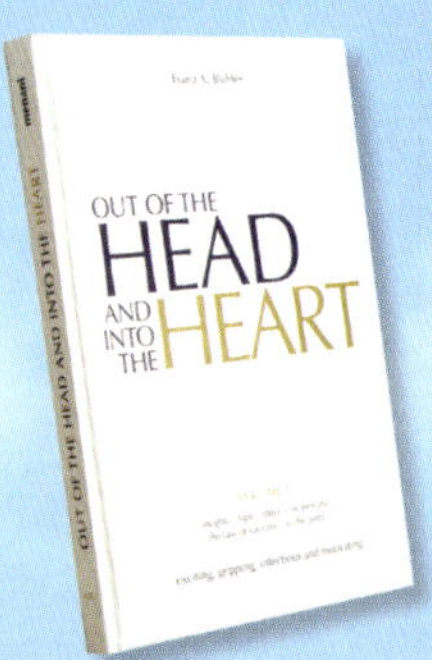

ENGLISCH
ISBN 978-3-941633-12-4

ITALIENISCH
ISBN 978-3-941633-13-1

FRANZÖSISCH
ISBN 978-3-941633-20-9

NIEDERLÄNDISCH
ISBN 978-3-941633-19-3

MEHR... VOM KOPF INS HERZ
Die Fortsetzung des Erfolgs-Buchs

Weitere 116 Tipps, Ideen und Rezepte auf den Punkt gebracht, zum Entdecken der inneren und äußeren Reichtümer unseres Lebens.

ISBN 978-3-941633-11-7

Highlight

DAS DOPPELBUCH: Zwei Bestseller in einem

Ein Buch mit zwei Büchern in einem Einband - ein ausgefallenes Geschenk für Menschen, die sich auf der Reise durchs Leben befinden

HEUTE, HIER, JETZT -
Ein Reiseführer durchs Leben

Lesen ist eine Reise. Wir machen uns auf den Weg, entdecken viel Schönes und danach fühlen wir uns reicher, erfüllt und inspiriert für das eigene Leben.

Wir öffnen den Blick für unser Wohlbefinden, für Körper, Geist und Seele.

Wir erhöhen die Aufmerksamkeit und Wertschätzung für unser Zusammenleben, unseren Lebensraum, für Natur und Kultur.

Nehmen wir uns die Zeit, die wir brauchen, erkennen wir das Wesentliche für uns alle!

ISBN 978-3-941633-24-7
Auch als Ebook erhältlich!

KATHARINA THOR

Sie liebt das Nachdenken, das Lesen und Schreiben, das Lachen, das Tanzen und die Natur. Der Mensch und sein Platz im Leben, das Leben auf dem Land und nicht zuletzt ihre kleine Familie sind ihre Leidenschaften.

Für Business u. Privat

UNSERE BESTSELLER
Erkenntnisse - Ideen - Rezepte

HEIKE HOLZ

Sie ist Expertin für Kommunikation, authentisches Auftreten und wertschätzende Umgangsformen.
Ihre Philosophie einer ganzheitlichen Persönlichkeitsentwicklung steht im Zentrum der von ihr entwickelten „KNIPS-DEIN-LICHT-AN"-Methode.

GLÜCKLICH SEIN VERLEIHT FLÜGEL

So geht es besser mit Dir und den anderen.

Überprüfen Sie Ihre Gewohnheiten und Denkmuster mit 50 wertvollen Profi -Tipps. Mit kleinen Schritten erreichen Sie spürbare Veränderungen und werden innerlich zufriedener, motivierter und glücklicher.

Erleben Sie mehr Freude im Umgang mit sich und den anderen.

ISBN 978-3-941633-47-6

Auch als Ebook erhältlich!

KLEINE SCHRITTE GROSSE VERÄNDERUNG

So geht es besser mit Dir und den anderen

Überprüfen Sie Ihre Gewohnheiten und Denkmuster mit 50 wertvollen Profi-Tipps. Mit kleinen Schritten erreichen Sie spürbare Veränderungen und werden innerlich zufriedener, motivierter und glücklicher.

Erleben Sie mehr Freude im Umgang mit sich und den anderen.

ISBN 978-3-941633-48-3

KNIPS DEIN LICHT AN

Mit Lebendigkeit und Leichtigkeit durchs Leben

Mit über 50 wertvollen, leicht umsetzbaren Profi -Tipps ist dieses Buch wie eine Reise zu Ihren persönlichen Möglichkeiten.
Bringen Sie Licht und Lebenssinn in Ihr Leben. Spüren Sie wieder echte Lebensfreude und Begeisterung. Denn: Ein glückliches, erfülltes, erfolgreiches Leben ist Ihr Geburtsrecht!

ISBN 978-3-941633-49-0

GISELA RIEGER

Sie gibt Seminare, leitet Workshops und Trainings und hält Vorträge. dabei zeichnet sie sich durch eine Fülle an Themen aus: Von der Persönlichkeitsentwicklung bis hin zur Zielsetzung beschäftigt sie sich mit der Vielfalt menschlichen Daseins.

Zauberhafte Momente+ Magico del Momento
Geschichten, die das Leben schreibt

Lassen Sie sich verzaubern von der erlesenen Auswahl unterhaltsamer, feinfühliger Erzählungen und Herzensweisheiten. Einige Geschichten sind direkt aus dem Leben gegriffen, andere gehen zurück auf alte überlieferte Weisheiten. Allen gemeinsam sind die darin verborgenen Botschaften, die zum Nachdenken anregen, berühren, inspirieren und zugleich das Herz erfreuen.

ISBN 978-3-941633-55-1 (D)
ISBN 978-3-941633-65-0 (IT)

MANAGER DES ERFOLGS
Gesetze des Erfolgs und Lebensglücks

Volle Kraft voraus!

Sich einen kühlen Kopf, sein Herzklopfen, sein Lachen und sein Staunen bewahren. Sich nicht unterkriegen lassen. Reich fühlen, gelassen in seiner Mitte ruhen, seinen Weg gehen und den eigenen Ausdruck finden.

Anteil nehmen an der umgebenden Vielfalt, der ungeheuren Tiefe, der großen Schönheit des Lebens! Gut zu sich sein!

ISBN 978-3-941633-50-6

Auch als Ebook erhältlich!

www.menani.com

onesome

Für Business u. Privat

UNSERE MINIBÜCHER
Zitate, Weisheiten, Anregungen

BEGEISTERUNG
Zitate, Weisheiten, Anregungen

Begeisterung ist eine der höchstbezahlten Eigenschaften der Welt.

ISBN 978-3-941633-09-4

DANKE
Zitate, Weisheiten, Anregungen

Danke - das Leben ist ein wertvoller Schatz in einer unendlichen Schatzkammer. Ein Schlüssel dazu ist die Dankbarkeit.

ISBN 978-3-941633-01-8

EINFACH SO
Zitate, Weisheiten, Anregungen

Einfach so möchte ich Dir sagen: „Es ist schön, dass es Dich gibt."

ISBN 978-3-941633-03-2

ERFOLG
Zitate, Weisheiten, Anregungen

Je schwerer es uns fällt, umso glücklicher macht es, wenn man es geschafft hat.

ISBN 978-3-941633-07-0

GEDANKEN
zur Lebensfreude

Erst durch Nachdenken zeigt sich mancher Sinn, erschließt sich ein Weg – zeigt sich Gewinn.

ISBN 978-3-941633-31-5

GLÜCKLICH
Gedanken zur Lebensfreude

Das Leben ist ein wertvoller Schatz in der unendlichen Schatzkammer. Ein Schlüssel dazu ist die Dankbarkeit

ISBN 978-3-941633-33-9

GOLF IST MEHR...
Zitate, Weisheiten, Anregungen

Golf und Sex sind wahrscheinlich die einzigen Dinge, die Spaß machen, selbst wenn man nicht wahnsinnig gut darin ist.

ISBN 978-3-941633-06-3

HERZLICH WILLKOMMEN
Zitate, Weisheiten, Anregungen

Welch schöneres Kompliment kann es geben, als dich willkommen zu heißen in meinem Leben.

ISBN 978-3-941633-00-1

IM HERZEN EIN MENSCH
Witzig, spritzig, hintergründig

Denn wer sich nicht mehr hetzen lässt, der wirkt als Mensch auch endlich echt.

ISBN 978-3-941633-45-2

INSPIRATIONEN
Gedanken zur Lebensfreude

Es geht nicht alles gerade im Leben, aber dies verschafft uns manch anderen Blickwinkel.

ISBN 978-3-941633-32-2

KOPF HOCH - DU SCHAFFST ES!
Zitate, Weisheiten, Anregungen

Auf jeden Fall schenkt dir dieses Büchlein jemand, dem es nicht egal ist, wie es dir geht...
Glaub an dich! Du schaffst es!

ISBN 978-3-941633-36-0

LIEBE
Zitate, Weisheiten, Anregungen

Ein Rezept für Frieden auf der Welt – Liebe deinen Nächsten wie dich selbst.

ISBN 978-3-941633-17-9

Für Business u. Privat

UNSERE MINIBÜCHER
Zitate, Weisheiten, Anregungen

MEHR... GLANZLICHTER
Best of: Mehr... Vom Kopf ins Herz

„Mehr... Glanzlichter" beinhaltet noch mehr spannende und inspirierende Tipps für den Leser.

ISBN 978-3-941633-43-8

WUNSCHPERLEN
Gedanken zur Lebensfreude

Diese vielen guten Wünsche sind für Dich und kommen von Herzen.

ISBN 978-3-941633-34-6

GESCHENKBOX
mit Minibuch und persönlichem Gruß

Unsere Buchgeschenke sind persönliche Werbeträger mit Langzeitwirkung, werden immer wieder gerne zur Hand genommen, erinnern immer wieder an den Schenkenden und sind für jeden Geschmack, jede Altersgruppe, jede Gelegenheit das Richtige.

Größe: 144 mm x 144 mm x 23 mm
Klappkarte mit persönlichem Gruß, frei wählbares Minibuch.

PERSÖNLICHES BUCH
mit hauseigener Präsentation

Verschenken Sie Ihr persönliches kleines Büchlein mit Ihrer eigenen Unternehmens-Präsentation auf den ersten vier Seiten.

Gerne lassen wir Ihre Gestaltungwünsche professionell umsetzen - für einen perfekten, bleibenden Eindruck. Fragen Sie bei uns an!

www.menani.com

Minis international

in bis zu fünf Sprachen erhältlich

Danke

THANK YOU (EN)
Quotations, Wisdom, Stimuli

Thank you – Life is a valuable treasure in an endless treasure chamber. The key to which is thankfulness.

ISBN 978-3-941633-18-6

GRAZIE (IT)
Citazioni, Saggezze, Spunti

Grazie - la vita è un tesoro prezioso in una sala del tesoro immensa. Una chiave per entrarvi è la gratitudine.

ISBN 978-3-941633-23-0

MERCI (FR)
Citations, Sagesses, Idées

Merci - est un trésor précieux dans un coffret inépuisable. Sa clé, la gratitude.

ISBN 978-3-941633-37-7

Glanzlichter

GIOIELLI (IT)
Best of Dalla mente al cuore

„Gioielli“ è un libricino con pensieri d'ispirazione e di motivazione. Esso fa brillare gli occhi di ogni lettore.

ISBN 978-3-941633-40-7

LES PHARES (FR)
Best of De la tête au cœur

« Les phares » est un petit livre avec des pensées inspirantes et motivantes. Il flatte les yeux de chaque lecteur.

ISBN 978-3-941633-41-4

SCHITTERLICHTEN (NL)
Het beste uit Van het hoofd in het hart

„Schitterlichten“ is een boekje met inspirerende en motiverende gedachtes. Het laat de ogen van iedere lezer schitteren.

ISBN 978-3-941633-42-1

News: Softcover-Bücher

GESUNDHEIT
Zitate, Weisheiten, Anregungen

Die Gesundheit ist ein Geschenk. Hege und Pflege sie behutsam und liebevoll.

ISBN 978-3-941633-04-9

GLANZLICHTER
Zitate, Weisheiten, Anregungen

Glanzlichter ist ein Büchlein mit inspirierenden und motivierenden Gedanken.

ISBN 978-3-941633-38-4

TROST & TRAUER
Zitate, Weisheiten, Anregungen

Trauer zu zeigen und dazu zu stehen, das ist wahre Stärke!

ISBN 978-3-941633-05-6

Special

Kommunikationsbuch:
Kommunikation ist unser Leben

Wir tauschen Wissen, Meinungen und Gefühle aus und versuchen zuverstehen, was der andere denkt und fühlt. Ob im Beruf oder im alltäglichen Leben: Wir befinden uns ständig in Kommunikation mit anderen Menschen. Wir erleben jeden Tag, wie sichtig es ist, mit unserem Partner richtig zu kommunizieren, um eine harmonische Beziehung führen zu können. Im Beruf wollen wir ein gutes Miteinander mit unseren Kollegen und Mitarbeitern führen, an einem Strang ziehen, um erfolgreich sein zu können.

Willst auch du lernen, wie du besser mit deinen Mitmnschen kommunizierst, Missverständnisse, Streit und Diskussionen ganz einfach aus der Welt schaffen kannst und damit Harmonie und Lebensqualität gewinnst?

www.menani.com